销售就是找对人

武永梅◎著

古吴轩出版社
中国·苏州

图书在版编目（CIP）数据

销售就是找对人 / 武永梅著. — 苏州 ： 古吴轩出版社，2017.2
ISBN 978-7-5546-0843-2

Ⅰ. ①销… Ⅱ. ①武… Ⅲ. ①销售—通俗读物 Ⅳ. ①F713.3-49

中国版本图书馆CIP数据核字(2016)第320285号

策　　划：花　火
责任编辑：蒋丽华
见习编辑：顾　熙
装帧设计：润和佳艺

书　　名：销售就是找对人
著　　者：武永梅
出版发行：古吴轩出版社
地址：苏州市十梓街458号　　邮编：215006
Http：//www.guwuxuancbs.com　　E-mail：gwxcbs@126.com
电话：0512-65233679　　传真：0512-65220750
出 版 人：钱经纬
印　　刷：北京毅峰迅捷印刷有限公司
开　　本：710×1000　1/16
印　　张：14
版　　次：2017年2月第1版　第1次印刷
书　　号：ISBN 978-7-5546-0843-2
定　　价：39.80元

前言
PREFACE

古代的商人经常在店铺里摆上一些普通的商品，把真正的宝贝收藏起来。真正识货的客户能看出陈列的商品不是上等货色，会询问有没有更好的商品。这时候，商家才会拿出更好的东西，继续考验客户的眼光。可以说，客户的识货能力高低，决定了他们能否买到最好的货物。

这种做法叫作“货卖识家”，说的是优良的产品应该卖给识货的客户。此举的目的无非是想把商品卖给真正爱惜它们的人，从而让商品充分实现自己的使用价值。当然，要找到这个理想的客户，本身就是一件可遇不可求的事。

现代商业早已超出了“货卖识家”的小规模交易，但我们依然可以从前人的做法中领悟一个道理——销售就是找对人。

《互联网思维独孤九剑》一书提到：“第一，你的目标用户是谁？第二，目标用户要什么？第三，怎样满足目标用户的需求？不仅品牌运营，所有的营销企业经营问题都可以归结到这个体系内。”

销售工作最难的一步不是如何把产品卖出去，而是怎样找到与企业最匹配的客户。

所有的公司都希望客户一天比一天多，但凡事都应有度。客户并不是越多越好，具体还得分为有效客户与无效客户、优质客户与不良客户、实际客户与潜在客户等类型。不同客户之间的消费能力与品牌忠诚度相差甚远，由此产生的排列组合会对企业销售产生复杂的影响。

相对而言，数量庞大但结构不合理的客户群体给企业带来的效益，远不如数量较少但结构合理的客户群体。众口难调，没有哪个企业能够征服所有的消费者，也没有哪个企业能够垄断市场。随着社会经济多元化发展，个性化消费已经成为市场的大势所趋。传统的粗放式营销越来越难以赢得客户支持，而立足于从细分市场里找到“对的人”的精准营销模式正在成为企业销售的主要手段。

只有找对了目标客户，企业才能更好地提供产品和服务，以更高的效率完成销售任务。

想要做到这点，首先要树立精准营销的意识。不再只顾着增加客户数量，而忽略客户与公司发展战略的匹配度。企业从做品牌定位开始就应该坚持以产品用户为中心，明确自己要开发哪个细分市场，服务哪个消费者群体。企业的主要利润实际上来自少数高质量的客户。如果能把这些客户经营好，就能形成稳定的价值链，保障公司的持续稳定发展。

销售就是找对人，寻找的过程中会出现很多关卡。

第一关是根据公司的经营方向来选择细分市场。产品与服务都要围绕细分市场来设计，最大限度地满足该市场中的消费者需求。没有准确的企业品牌定位就不可能找到对应的客户群体。

第二关是搜集整理目标客户的情报，掌握其各方面的信息，为开拓业务打好基础。

第三关是细致调查目标客户的各种需求。以客户为中心就是以客户需求为中心。每个客户群体都有其特殊性，不能准确把握这点，就无法吸引他们购买企业的产品和服务。

第四关是认真评估目标客户的合作价值，从市场受众中选择优质的客户资源进行优先开发。这是在“找对人”的基础上进一步找出最佳销售对象。

第五关是在营销过程中根据不同情况来筛选客户，该扶持的扶持，该督促的督促，该淘汰的淘汰。这样才能让企业的客户资源保持相对合理的结构，从而促进销售业绩的增长。

第六关是拜访客户，拉近与客户之间的距离，让他们了解企业的产品，认同企业文化价值观。

第七关是与客户谈判，用灵活的销售技巧达成交易。

经过层层关卡后，销售人员将与目标客户建立较为密切的业务联系，但这并不是营销工作的终结。现代营销要求产品与服务成为一个高度融合的有机整体，销售人员不再只是负责“卖货”，而是成为盘活整个企业营销体系的重要角色。

随着社群经济的兴起，越来越多的知名企业在设法把自己的客户资源转化为以品牌为纽带的社群，不断培养出更多的优质客户。唯有这样，企业才能打造一个完整的商业生态链，长久地与目标客户群体互惠互利、共同发展。

目录
CONTENTS

第九章 提高客户忠诚度的要点在哪里

附录

第一章 客户越多越好，真是这样吗

客户是企业的衣食父母，找不到客户是企业倒闭的主要原因之一。一家企业能发展到何种规模，在很大程度上取决于市场容量的大小。因为市场容量大即客户需求大，意味着企业能开发的客户资源也更多。愿意付钱的客户多了，产品销量自然不会少。所有的企业都在想方设法扩大品牌在客户中的影响力，以求占据更多的市场份额。在不少管理者与销售人员眼中，客户越多越好。殊不知，这是一个认识误区。

全世界人口很多，人人都是企业产品的潜在消费者，但潜在消费者不等于实际客户。由于社会物质文化的日益丰富，消费者的需求也将变得越来越多元化。那种靠一两种产品包打天下的做法，已经不合时宜。况且，再强大的企业也不会有100%的市场占有率。为了顺应市场需求多元化的潮流，精准营销模式逐渐成为企业销售的努力方向。

按照帕累托定律（也称二八定律或巴莱特定律），企业的大部分利润实际上来自少数重要客户。假如能经营好这些优质客户，企业就能用更少的成本来维护自己80%的利益。所以，有头脑的企业不再妄图赢得所有的消费者，而是先细分目标市场，然后根据目标市场的客户需求特点来提供产品或服务。与其盲目地追求增加公司的客户数量，不如专注于服务某个特定的客户群体。选对了人，产品销路才好，客户的品牌忠诚度才高。合适的产品与合适的客户结合在一起，才是一个良性循环的企业生态圈。

1. 谁也不能赢得所有的消费者

生产与交换是维持社会运转的基础，每个人为了生计都会进行商品交易。社会上每天都会有大量商品进行交易，市场总需求与总供给都是一个天文数字。各行各业的从业人员就在这日复一日的交易中赚取维持生存发展的收入。社会需求是多种多样的，赚钱的途径也五花八门，这为广大商家提供了发家致富的空间。但一个企业的规模再大，也无法消化所有的市场需求；企业的经营范围再广，也不可能覆盖所有的市场份额。

市场不是由单个企业垄断的，一般某个行业是由多家公司来瓜分市场份额的。智能手机市场就是一个很好的例子。

根据《2016年上半年中国热门手机Top10》，目前在中国大陆市场中最热门的十款智能手机分别来自小米、三星、乐视、魅族、华为等知名手机商。其中，小米有三款手机上榜，华为只有一款上榜，乐视、魅族、三星都是两款上榜。

其中，喜欢红米Note3的中国大陆地区消费者占据了总数的12.30%，使得这款手机高居十大热门手机第一位；小米4C名列排行榜第四位，受到了3.48%的中国大陆地区消费者欢迎；小米5只有2.45%的中国大陆消费者认可，名列排行榜第十位。这三款手机都出自小米公司，小米公司的市场受众总和达到了消费者总数的18.23%，但三款产品各自占据的市场份额却大相径庭。

我们不难从这份市场调查报告中发现四个问题：

首先，某个行业的市场都是由若干个企业品牌共同瓜分的。

其次，每个公司可能使用多种产品来扩大自己在市场中的整体占有率。

再次，同一公司的不同产品在市场中受欢迎的程度不尽相同。

最后，不同产品所针对的目标消费者群体存在差异。

这些现象也可以反过来理解。广大客户喜欢不同品牌或同一个品牌的不同款式的智能手机，而企业必须根据成千上万客户的需求差异来开发不同型号的智能手机。假如小米公司只生产上述三款手机中的一种，必定会流失喜欢另外两款手机的消费者，整个公司的市场占有率将大大下降。

由此可见，无论哪个企业都不能赢得所有的消费者。一些客户喜欢你的产品而另一些客户不喜欢，这才是市场交易的常态。这个现象早已引起经济学家的重视，并成为一个重要的学术课题。

每位消费者都有自己的消费偏好，而市场有多个商品供给来源。按照大家的直觉，尊重每一位消费者的偏好，然后按照一个相对公正而规范的程序（比如民主投票）把所有个体的偏好汇总起来，就能得到某种令所有人都满意的结果。遗憾的是，1972年诺贝尔经济学奖的获得者之一——肯尼斯·约瑟夫·阿罗在其经济学经典著作《社会选择与个人价值》中给出了否定答案。

假如广大社会成员具有不同偏好，而社会又能提供多个备选方案时，大家用民主投票的方式进行决策，也不会达成令所有人都满意的共识。这种社会现象被称为“阿罗的不可能定理”。

也就是说，我们不可能满足所有人的喜好，简单来说就是“众口难调”。前面的热门智能手机排行榜就是“阿罗的不可能定理”在市场活动中的具体表现。因此，为了更好地服务大众，也为了更好地生存发展，每个企业都应该在市场中找准自己的位置，选择某个消费群体作为自己的开发对象。不妄想独占所有市场份额，而是重点经营力所能及的目标市场，这就是细分市场的意义。

“市场细分理论”出现得比“阿罗的不可能定理”更早。

1956年，美国市场营销学教授温德尔·史密斯率先提出了“市场细分理论”。在他看来，企业的资源是有限的，消费者的需求则充满了差异性。在这两者的共同作用下，市场环境变得十分复杂，市场竞争也异常激烈。企业只有对市场进行必要的细分，然后才能提高营销销量，获得更好的增长。

就目前而言，全世界都处于一个社会形态大转型阶段。特别是移动互联网与社交媒体的普及，从根本上改变了信息的传播方式与社会活动的组织方式。原本已经是多元化结构的现代社会正在向“碎片化”转型。消费者的价值观与审美需求也被分割为更加个性化的“碎片”，市场的“碎片化”发展趋势让“市场细分理论”的重要性水涨船高。

市场细分的意义主要有以下四点：

其一，集中企业的优势资源来开发重要的目标市场。

与发展目标相比，企业的资源总是有限的，必须设法提高运营效率。这就要求公司选准优质项目来集中投放人力、物力、财力，用更小的代价来获得更高的利润。在主要方向上坚决地集中使用优势资源，才能避免得不偿失的无谓竞争，迅速扩大销售成果。

其二，利于企业及时发现市场空白，挖掘大家都忽略的潜在客户资源。

业界通常把高度饱和的市场称为“红海”，把尚未充分开发的市场称为“蓝海”。“红海”市场高度成熟，但竞争非常激烈，开发潜力基本用尽。“蓝海”市场开发程度低，还没形成一套系统的行业机制，但增值潜力巨大，没有多少竞争对手。所以，抢占“蓝海”市场成为不少公司的重要策略。

但是“蓝海”市场不容易被发现，而发现“蓝海”的企业也会由于畏惧风险而停滞不前。细分市场的好处之一就是，可以通过这个途径来及时发现当前市场的空白之处，即“蓝海”。如此一来，公司就能早一步找出那些被竞争对手忽略的潜在客户资源，开辟新的利润增长点。许多新产品就是通过寻找市场空白点而催生的。由于“蓝海”市场最初少人问津，企业可以迅速抢占市场的有利位置，确立竞争优势。

其三，让企业明确自己的优势劣势，制定更合理的市场竞争战略。

通常而言，两个企业会在多个市场进行竞争。经过市场细分后，企业可以对自己与竞争对手在每一个细分市场上的成绩进行全面对比。比如，公司在A市场的销售业绩超过竞争对手，在B市场则不如对方。将两个细分市场的特点与公司投入的资源进行对比，就能分析出双方的优势和劣势，找出自己领先或落后的原因。有的竞争对手可能过分热衷竞争一线市场，对二、三线市场不够重视。这时候，企业就可以考虑增加对二、三线市场的投入，强化自己在这些细分市场中的竞争优势。

其四，细分市场可以为企业制定合理的营销策略打基础。

提升销售业绩离不开合理的营销策略。制定营销策略并不只是调整促销价格那么简单，而是需要针对不同目标客户的需求重点来设计最合适的营销整合与竞争策略。以智能手机为例，有的消费者追求的是功能多样化，有的消费者追求的是造型时尚化。只有把市场细分后，企业的销售人员才能根据每个细分市场客户的特点来设计促销方案。如果对所有消费者都用一刀切的促销手段，就只会让其中某个客户群体满意，而其他类型的客户群体对此并不感兴趣。

从目前来看，细分个性化、多样化的目标市场已经成为不可逆转的时代潮流。今后的消费者市场不仅会越分越细，还显露出“每一个消费者就是一个细分市场”的微细分趋势。任何头脑清醒的企业都会放弃赢得所有消费者的幻想，但必定会通过做好细分目标市场来培养稳定的多元一体的客户资源。通过占领各种不同的细分市场来扩大公司的整体市场占有率，这就是现代企业的一大发展方向。

2. 精准营销：盲目撒网不如专注一面

在缺乏细分市场意识的传统营销模式中，企业对消费者的情况是一知半解的，能否做出足够引起他们兴趣的产品还是个未知数。由于不确定市场对产品的接受程度，销售人员会无差别地向所有消费者推销产品，然后再慢慢找出需求相对稳定的消费群体。这种靠广撒网来多捕鱼的粗放型销售策略，在市场细分潮流下变得越来越没效率。于是，与市场细分理论联系更密切的新营销模式——精准营销，逐渐在各行各业推广开来。

市场细分与精准营销在某种意义上是一体的。前者是后者的基础，后者是前者的延伸。

细分目标市场是为了更精确地把握各类消费群体，甚至单个客户的个性化需求，而精准营销就是针对每个客户的个性化需求来销售产品或提供服务。简单地说就是，让消费者获得最符合要求的产品和服务，让公司的产品和服务找到最适合的消费者。

市场活动是一个相互寻找的过程。商家与客户都在根据有限的情报活动，寻找着最适合的交易对象。所以说，销售就是找对人，让产品以及服务到达最需要它们的客户手中。从实践结果来看，成功的企业都找到了

“对的人”，准确地说是“对的人群”。这些知名品牌并不是用广撒网的形式来做销售，而是设法使自己的营销变得更为精准化，以求获得更多的盈利。

许多看似受众广泛的名牌产品，其主要服务对象实际上集中于某个消费群体。由于精准营销，企业从目标客户群中获得的销售业绩非常可观，才给大家一种全民都喜欢该产品的印象。比如，高露洁牙膏的受众主体就与大家想象中的有所差异。

高露洁牙膏可谓家喻户晓，许多消费者都使用过这个品牌的产品。但高露洁在与DSP广告（DSP指需求方平台，即互联网在线广告平台）行业的领头羊——北京品友互动信息技术有限公司（以下简称品友互动）合作时，投放的跨屏视频广告主要面向20～40岁的女性消费者。其重点推荐的产品是高露洁360° 修护牙釉质牙膏。

为了提高这款牙膏的曝光量和覆盖率，品友互动没有简单地把高露洁的市场受众定为普通家庭，而是运用广告优化算法与人群分析模型来统计和分析消费者的人群、地域分布特征，从而筛选出符合潜在客户特征的人群标签组合。

在互联网技术手段的帮助下，品友互动把高露洁360° 修护牙釉质牙膏的目标客户群体精确锁定为20～40岁的女性消费者，并设计出符合这个群体的广告内容及广告投放方式。

随着智能手机与移动互联网的普及，信息传播越来越碎片化，消费者的阅读习惯也趋于碎片化。大家每天对着电脑、智能手机等的时间加起来比睡觉时间还长，可以从多个媒介获取信息。所以，品友互动选择了多样化的广告投放方式，根据女性用户在不同时段使用不同设备的习惯来投放相应的广告。此举对各时间点与各个信息传播媒介进行了优化组合，确保了产品信息能在每个时段覆盖更多的人群。

精准营销模式下的广告投放不光要做到选对最合适的目标客户群体，还要注意避免信息轰炸导致客户反感的情况。品友互动为了让客户对广告的满意度与新鲜感保持在合理水平，把广告对独立用户展现次数限定在六次以内。

这个做法既能让目标客户充分接收到关于高露洁360° 修护牙釉质牙膏的产品信息，也能避免广告投放过度降低消费者的用户体验。在节省人群覆盖成本的同时，改善了目标客户的品牌体验环境。

精准投放广告的营销模式，让高露洁360° 修护牙釉质牙膏在目标客户群体中的独立曝光量提升了23%，投放广告的预算却与原先相同。由此可见，精准营销不仅能有效扩大产品广告的投放量，让投放效果更加均衡，也减少了公司资源的浪费，还让广告质量大大提升。

由上述案例可知，精准营销模式可以帮企业找到最适合自己的目标客户群体。与其斥巨资对全时段、全领域的消费者进行广撒网式的推销，不如一开始就精确锁定自己要服务的某个群体。开拓市场就和经营农田一样，精耕细作才能提高平均收益水平。而且目标客户群的消费潜力有时候比你想象得更大，只有把产品做精、把服务做细，才能将这些潜力变为实实在在的经济价值。

精准营销模式的优点主要有两个：

第一，精准营销有利于企业扬长避短，提高市场竞争力。

占领最适合自己的市场，是精准营销的一个基本要义。尽管大企业的市场占有率更高，开发新市场的能力更强，但总有一些细分市场是他们经营的死角。而这些死角恰恰是中小企业与大企业进行不对称竞争的主要战场。

经过细分的目标市场会显现出许多商家平时没注意到的消费需求。在精准营销理论的指导下，机敏的商家可以先一步开发这片隐藏的“蓝海”，抢占市场中的有利地形。如果先行者能在目标市场中建立相对完整的营销渠道体系，哪怕有知名企业随后跟进，也不免受制于其先发优势。

第二，精准营销有利于企业培养高忠诚度客户。

任何商家都希望自己的客户忠于自己的品牌，排斥其他企业的品牌。但客户的生活不可能由单个商家全部包揽，客户肯定会货比三家，与不同的企业进行交易。按照市场经济的公平原则，企业无法苛求客户只买自己的产品，只能通过改进产品和服务来提高目标客户的品牌忠诚度。

精准营销的核心精神就是一切从目标客户的需求出发，力求让产品与服务同消费者需求实现无缝对接。只有坚持这样做，目标客户才能对企业长期保持高满意度。有了高满意度，品牌忠诚度才会跟着上升。当企业的客户忠诚度较高时，无论是商业口碑还是长期经济效益都会超过那些客户忠诚度较低的竞争对手。

想要做好精准营销，首先还是得找对人，即通过细分目标市场来定位目标客户。正如品友互动与高露洁的做法，运用多种互联网技术来对目标市场的情况进行精确的统计与分析。

目前来看，不少企业正在朝精准营销的方向努力，也在运用大数据分析工具来改进销售。不过，大部分公司做得还是比较粗糙，只有形式上的精准，而没达到实质上的精准。两者的差异在于：实质上的精准营销真正契合目标客户的需求及潜在需求，形式上的精准营销仅仅满足于“找对人”而不是用心“搞定人”。归根结底，问题还是出在对目标市场认识的不足上。

全面掌握细分目标市场状况，是进行精准营销的大前提。企业首先要做到知己知彼。

知己指的是正确认识企业自身情况，包括明确公司现在有多少资源，处于什么发展阶段（企业的生命周期），长期战略目标是什么。弄清这些情况，企业才能做出精准的自我定位，明确可以开发哪些细分市场。

无论是哪个企业，量力而行与扬长避短都是最基本的处世原则。粗放营销要么没能充分发挥企业的实力，要么让企业不堪重负、难以喘气。精准营销模式的出现恰恰是为了避免这种情况，让公司的发展目标与力量达成最佳配置。

知彼指的是正确认识市场大环境的特点与消费者的细微需求。某个消费群体的需求点变化会影响市场整体风向，而市场整体风向也会反过来影响其他的消费群体。

这种宏观层次与微观层次互动产生的影响非常复杂，会干扰企业对目标客户群特征的认知。有些企业没有全面深入地了解市场受众的喜好，只是根据几个网络热门关键词随便制作销售方案。这种照猫画虎的做法很容易偏离目标客户群真正的需求，反而让他们从品牌支持者瞬间转化为反对派。

总之，精准营销模式正随着移动互联网经济的大潮不断走向成熟。企业应当立足于自身情况完成营销模式的转型，找准“对的人”并围绕其需求进行精准销售。让“对的人”与“对的产品”在市场中相遇，就是每一个企业与生俱来的使命。

3. 你的主要利润其实来自少数人

“客户越多越好”是一种囫囵吞枣的说法。通常而言，客户的基数越大，企业的销售状况也越好，但这也要结合客户的结构来判断。根据帕累托定律的原理，企业的大部分利润其实来自少数客户，而大部分客户对公司盈利的贡献率并不高。

对于企业来说，用更低的成本换取更高的效益是放之四海而皆准的真理。因此，有远见的公司往往会把有限的资源与精力向极少数大客户倾斜。

这种专注于挖掘最有价值的客户潜力的做法，有利于生产企业实现资源的优化配置，形成最佳的投入产出比。同时还可以提高大客户对品牌的忠诚度，让整个营销渠道形成更加稳定的长效合作机制。尤其是在生产企业财力与资源有限的情况下，先经营好数量可能不足10%的核心客户，销售活动也许能达到事半功倍的效果。

富士康集团是世界著名的制造商，国内外许多著名品牌产品都是由富士康工厂加工组装的。

里昂证券分析师尼可拉斯·巴拉特指出：富士康40%的收入来自替

少数几个重要客户代工服务器与网络设备。比如，苹果、华为、思科、Juniper、惠普、华为、戴尔等大公司都为富士康贡献了大量订单。富士康虽然有数千家小客户，但真正能带来高额利润的也就是包括上述名牌企业在内的十五家大客户。而且，公司在这一领域的市场份额已经最大化，没有什么发展潜力可挖。

比如，苹果手机原先有90%是富士康集团生产的，目前这个比例依然保持在2/3左右。尽管苹果正在设法逐步减少对富士康的依赖程度，但擅长大批量生产高质量硬件的富士康仍旧是苹果的主要代工商。

有趣的是，富士康在其母公司鸿海集团中占据了95%的核心业务，却只为鸿海集团贡献了不足4%的利润。由于苹果交给富士康的业务量极大，鸿海集团大约一半的营业收入都来自苹果这个核心客户。

目前，富士康正在进行“机器人革命”，致力于开发和使用机器人，以迎接正在席卷全球的工业4.0浪潮。据内部人士表示：富士康工厂已经有三万多台机器人投入使用，成都工厂就有几千台，而该工厂只有不到一百名员工。

这个新兴产业对富士康未来的影响尚未可知，但可以肯定的是，富士康在今后一段时期内的主要利润来源并不是智能机器人，而是会延续着原有的格局。业内人士认为：富士康的数千家小客户不太可能成为智能自动化设备的使用者，真正有需求的仍是那十五家大客户。

从这个角度来看，就算富士康的小客户达到数万家，也不如少数大客户带来的效益高。真正赚钱的代工业务，基本上也只有那些实力强劲的大客户能提供。

由此可见，并不是客户越多企业的收益就越好。假如客户维护成本的增长速度高于销售额增长，那么企业客户越多反而负担越重。

既然企业的主要利润来源是那20%左右的大客户与主要客户，那么找准营销重点就更为关键了。提高销售业绩的关键是找到适合的目标客户。销售人员应该着重从品牌影响力大或业务需求多的目标客户群体中开拓业务。这些客户不仅消费能力强、品牌忠诚度高，还是需求长期稳定的“回头客”。

从某种意义上说，企业的命脉就在这些少数的核心客户手中。因为这些核心客户的变化会对企业的销售和运营产生很大的影响。

目前，全球最受欢迎的智能手机品牌仍然是苹果。由于产业链供应商的毛利率下滑，未来苹果的手机生产成本会继续增加。

据报道，安洁科技、立讯精密、德赛电池等苹果产业链中的上市公司在2015年第三季度的平均营业收入比去年有所增长，但许多企业的净利润没有增长，平均毛利率反而降低到2012年以来的最低同比水平，仅有22.64%。其中，光学显示类电子公司的毛利率下降最多，收入增加了但利润没能同步增长。

这些供应商的压力最终会转移到苹果身上。由于零部件收益降低，苹果不得不让渡更多利润来提高供应商研发新型零部件的积极性。比如，大立光光学镜头厂的技术能力强、良品率高，所以苹果对这个客户的依赖度很高。因此苹果议价空间有限，这让大立光的毛利率在三年内从41.86%增加到56.72%，以助其解决“增利不增收”的问题。不过，这样一来，苹果自己的利润空间势必要受到压缩。

除此之外，种种迹象表明，苹果为了保证自己的竞争优势，一方面在寻找能满足更高质量要求的电池iOS设备供应商，另一方面开发自己的GPU（图形处理器）。其主要供应商富士康也在监造蓝宝石玻璃工厂，为苹果手机提供新屏幕材质。这些举措并不是为了摆脱对核心客户的依赖性，而是苹果与产业链和用户共同承担压力、共同成长的表现。

大数据技术的普及使得各类公司都把“用户数据”当成主要决策依

据。在决策者看来，消费者喜欢什么和不喜欢什么都能反映在消费数据上。这个看法不无道理，但也存在一定的误区。因为“用户数据”有时候并不能反映全体消费者的需求特点，只能代表一部分人。

比如，影视行业动辄以“用户数据”的调查结果来判断市场需求，经常弄出一些“叫座不叫好”的劣质作品。但这个现象恰恰从正面和反面两个角度表明企业的主要利润来源是少数客户。

其实，一部口碑差而票房高的影视作品，主要得益于针对特定观众群体的口味来创作。只要这个目标客户群体满意，企业就能获得较高的经济回报。哪怕数量更庞大的其他客户口诛笔伐，也拦不住目标客户群体的鼎力支持。从总体人数来看，这个客户群体的规模并不大，但集中在一起就能为企业创造出可观的价值。

也正因为如此，影视产业的资本纷纷朝这个方向流动，一味迎合该观众群体的口味，而不怎么考虑其他广大观众的意见。“用户数据”上的高支持率，其实并不能反映全体观众的想法，只代表那些特定观众群体的想法。奈何其他观众发出的声音不像特定观众群体那么集中，未能产生聚焦效应，于是很容易被企业决策者忽略。

尽管这种风气会导致市场难以满足多元化消费群体的多样化需求，但对于企业个体来说，只要经营好自己的主要利润源——消费能力强且需求量大的特定目标客户群，就能在激烈的市场竞争中保持较好的发展势头。

不追求让所有人都满足，而是紧密围绕那些少数的核心客户的需求来运作，是一种简明实用的营销策略。这种做法可以最大限度地减少资源浪费，让企业对细分市场的控制更加深入，价值链也相对稳定。

但是，只盯着20%的客户而无视其他客户也是一个严重的误区。

尽管80%的客户为企业带来的直接价值较少，但他们是品牌口碑的主要传播者，也是核心客户的后备军。更重要的是，每个企业在努力维护好20%的核心客户资源外，都在设法从竞争对手的客户资源中挖墙脚。

假如企业过于忽视主要利润源之外的广大客户，很容易失去大量的潜在客户。到最后，主要客户也可能因为企业缺乏服务全体客户的诚意而流失到竞争对手那边。

4. 只有合适的客户才具备高忠诚度

一家企业与其竞争对手的目标市场往往重合。目标市场内的客户不会百分之百地支持任何一家企业，而是在多种品牌中选择自己中意的商品。想要客户忠于自己的企业品牌，难免要经过一番激烈竞争。

相对于客户数量，客户忠诚度也许是更为关键的指标。一大群低忠诚度客户为企业带来的效益总和可能还不如少数高忠诚度客户。因为前者会用多种品牌的产品来填满自己的需求空间，一部分消费金额就会被分散到你的竞争对手那里；后者基本上只是持续使用一两种品牌的产品，消费支出基本上都被你占有。

所以，提高客户忠诚度，也是增加销售业绩的重要工作。要实现这个意图，首先要尽量从目标市场中选择那些可能喜欢你的品牌的客户。选对合适的客户，才能获得较高的用户品牌忠诚度。否则的话，再热情的服务也俘获不了客户的心。

说白了，就是以精准营销为特征的目标客户运营模式。

传统的营销模式强调“顾客是上帝”的理念，但这更多是指企业的服务要热情亲切，与产品生产环节关系不大。过去的企业会设计多种产品，以求让其中一种产品得到目标客户的好感。设计师参考的是过去流行或当前流行的产品，并没有跟最终用户直接沟通，这会导致产品设计与市场实际接受情况存在一定的偏差。

目标客户运营模式采用的是C2B（客户到企业）决策思维，其营销起点是只生产客户需要的产品，甚至在产品研发阶段就与目标客户展开多种形式的互动合作。设计师从一开始就明确目标客户的具体需求，这样就能让企业品牌的特色与目标客户的特征保持相对一致。

在销售环节也是如此，企业能够直接根据广大消费者的反馈信息来精确调整各类商品的供应情况，以减少资源浪费，优化资源配置。精准营销源于精准的客户消费情况分析，沃尔玛在这点上做得很到位。

沃尔玛是世界零售业巨头，与普通的连锁超市相比，沃尔玛不只是公司规模巨大，还有完善的大数据分析中心来实时监控全球各家分店的销售状况。

早在大数据概念被热炒之前，沃尔玛就开始进军互联网，开辟大数据应用的新运营机制。为了整合迁移网站数据库，沃尔玛收购了多家专注于数据挖掘或移动社交服务的高科技公司，志在追赶电子商务的领跑者亚马逊。

沃尔玛在2011年收购了专门从事社交媒体分析的Kosmix公司，并将其改造成著名的“沃尔玛实验室”，即沃尔玛的数据分析中心。

这个庞大的数据分析中心的研究领域覆盖用户、产品、活动、企业关系等方面，为沃尔玛高层的决策提供了充分的依据。

经过多年努力后，沃尔玛建立起了自己的大数据库，里面包含了消费者线下交易数据、网络商城数据和社交媒体应用数据。沃尔玛的大数据库可以为各个分店提供各类客户数据，并以此为依据来调整促销商品种类、商品陈列方式以及库存和配送调度。沃尔玛实验室还专门开发了一套消费者社交动态追踪系统，每天能处理十亿条社交动态信息。强大的技术支持让沃尔玛能够在全球各地完成大规模、多批次的精准营销。

作为全球零售业的楷模，沃尔玛每小时的交易记录已经超过了一百万条以上。这些消费者线下交易记录能准确反映出各类客户的消费习惯与需求变化。沃尔玛能把头绪繁杂、变化多端的零售市场做起来，离不开大数据的支持。通过实时采集的交易记录来不断地把每个零售市场的各类产品需求规模化，进而合理分配库存与物流，避免积压库存。

比如，一个沃尔玛的VIP会员在几年中购买的全部产品种类、数量、型号、交易时间、支付方式、配送信息、会员卡信息、在超市中的购物流程监控视频、门禁数据等线下交易数据，都会被沃尔玛的大数据系统完整记录下来。

沃尔玛还开发了自己的APP，当客户来到沃尔玛卖场时，就能通过手机或iPad上的APP收到沃尔玛本期的推荐产品信息与电子优惠券。这些商品在卖场的具体位置与型号信息也会反映在APP展示的商场流程上。在客户完成移动支付的一瞬间，沃尔玛大数据中心就已经更新了该客户本次的相关消费信息，并自动开始预测下一次采购同类产品的时间与数量，再将预测数据传输给APP推荐业务。

随着智能技术的不断发展，沃尔玛还打算在商品旁边的塑胶运动模特脑袋里安装智能摄像头。

比如，某位客户很喜欢一款网球拍，端详了很久又挥舞了几下，但最终没有扫描下单。旁边的智能摄像头会自动记录他在网球拍前停留的时间、端详球拍的视角、挥舞球拍时的动作与次数等信息。下个月时，该客户手机里的沃尔玛推送信息中就可能包括另一款性价比更高的同类产品。

有营销专家指出：在精准化营销的环境中，你的用户不是一类人，而是每个人。从上述案例可见，今天的沃尔玛并不是靠经营多样化生活用品来“碰巧”遇到各式各样的客户，而是一开始就试图对各种客户的细分需求进行精确定位。

由于超市周边商圈的环境各异，同样的产品在不同的沃尔玛卖场往往需求量有大有小，季节变化也会造成需求浮动。对于每日平均交易量巨大的沃尔玛来说，只有不断提高效率、降低成本，才能发挥自己的核心竞争力。

在大数据中心的帮助下，沃尔玛不仅能精确检测每个卖场的所有产品的销售状况，还能精确分析每个客户的消费需求变化。各大卖场在此基础上可以实现相对精确的订货和配货，根据当地消费者需求浮动而做出相应的调整。这一方面让沃尔玛卖场的运营效率大大提高，另一方面也让广大消费者能够买到自己想买的产品。

于是，沃尔玛凭借遍布全球的销售渠道与先进的大数据系统形成了强悍的竞争力，把零售业的绝大部分企业都甩在了身后。就目前来看，其他同行很难对抗沃尔玛的零售帝国，沃尔玛的客户规模也不断扩张，高忠诚度客户群体比较稳定。

从根本上来说，销售就是一个动态的资源优化配置过程。让合适的客户找到合适的产品，把合适的产品卖给合适的客户，资源配置匹配了，客户的满意度才高，对品牌的认同感与忠诚度才更高。

因此，当企业找对目标客户时，目标客户也会带给企业更多回报。如果企业想要从根本上减少客户流失，首先要做的就是放弃那些不适合你的客户。

如果你的产品和服务无法满足某个消费群体的需求，吸引不了其注意力，那么他们就不适合做你的客户。你就算再努力去推销，也和缘木求鱼没什么两样。如果你的产品和服务可以满足他们的需求，但你缺乏足够的产能来填饱市场受众的胃口，那么那个消费群体也不适合做你的客户。因为你不能充分满足他们的需求，他们必然会从其他的企业品牌那里满足个人所需。

什么才是合适的客户呢？简单地说，当企业选择的目标客户既有相应的需求且需求量没超过企业的承受力时，他们就是最适合你开发的目标客户群体。

一旦把人选对了，客户就不会轻易流失，更容易进化为公司品牌的粉丝。所以说，想要客户保持较高忠诚度，先得选择合适的目标客户群。

第二章 亿万消费者，谁会为你的产品掏腰包

任何企业都是靠产品和服务在市场上立足的。如果产品不受消费者欢迎，公司投入的人力、物力、财力都将打水漂。消费者选择产品时不仅看其性能、价格、质量，还对产品外观及包装有一定的审美要求。只有这些因素的综合价值超过了预期水平时，他们才会做出购买决策，成为某个企业品牌的支持者。纵观世界知名企业，无不是产品具有鲜明的品牌特色，能够获得广大消费者的青睐。

所以在研发新产品之前，企业就要做好品牌定位，明确自己要做什么样的产品、打算争取什么样的消费群体。这样才能对症下药、有的放矢，打造目标客户真正喜欢的产品。

需要注意的是，做品牌定位并不是一味地盲从客户。客户的消费心理既有变化性也有相对稳定性。某个市场受众会出现相似的消费需求与消费偏好，从而形成一个比较固定的品牌爱好者圈子。用时髦的说法就是粉丝经济。企业只有在品牌定位时找准对应的粉丝喜好，才能组建自己的品牌粉丝团。

围绕目标受众的审美特点及需求变化来设计产品与服务，是培养高忠诚度客户群的第一步。当企业品牌形成了鲜明的特色时，与目标客户具有相同需求的大量潜在客户会主动加入企业品牌的粉丝团。这将不断强化企业对细分目标市场的控制力，让销售人员能以更高的效率来完成销售任务。

1．以产品为中心，还是以用户为中心

“产品为王”四个字一直被视为销售的金科玉律。尽管业界还有“渠道为王”和“品牌为王”的理念与之竞争，但谁也无法否认产品对企业的关键意义。因为社会经济活动是通过商品交换来完成的，没有产品就没有交换，为产品流通而建设的销售渠道将失去存在的价值，企业品牌也失去了相应的载体。

如今，“用户思维”的理念异军突起，对“产品为王”的营销观点产生了很大的冲击。那么问题来了，企业营销到底应该以产品为中心，还是以用户为中心呢？

以产品为中心的企业，会把主要精力与资源用于研发新产品上，不断推出具有行业领先水平的产品。持这种观念的企业决策者往往认为产品质量过硬、造型优美、技术含量高才是决定性因素。只要自己的产品比对方的更优秀，销售业绩自然不会差到哪儿去。尽管这类企业在促销上的投入比重不大，但跟那些靠高超的营销技巧打天下的公司比，发展后劲更足，抗风险能力也更强。

曾经多年保持手机销售量全球第一的诺基亚，采取的就是这种以产品

为中心的经营思路。

诺基亚手机至今被广大消费者视为最坚固耐用的手机，人们至今还以各种网络段子调侃着诺基亚的“坚不可摧”。相对于那些重营销轻研发的竞争对手，诺基亚坚持把产品研发放在首位。据悉，诺基亚在2012年投入的产品技术研发费用高达58亿欧元，是苹果公司同年研发费用的四倍以上。

这种把产品研发视为生命的做法，也令诺基亚在很长一段时间内都是业界先行者。

大家都知道目前全球智能手机第一品牌是苹果，但很少有人注意到诺基亚在1990年就开始设想组建以手机为基础的移动互联网，在1996年互联网泡沫破裂时率先推出了智能手机的概念机，在2004年开发出触控技术，在2007年推出行动网路品牌OVI（苹果公司在次年才推出App Store）……

在“产品为王”的理念指导下，诺基亚一面不断提升技术，一面高效压缩成本。

美国《哈佛商业评论》曾撰文指出：“诺基亚1616型号手机已经成了在新兴市场的成功案例……在供应链、采购与大量生产能力上的强化，让诺基亚能推出这款售价仅32美元的手机。与此同时，在美国与欧洲类似功能手机的平均售价，分别是206美元与238美元。”

诺基亚能做到这点，靠的是堪称全球最复杂的供应链。正是凭借这点，诺基亚才能保持当时全球最庞大的研发资源。遗憾的是，诺基亚尽管比苹果更早研制出触控技术，但直到苹果主打产品iPhone上市一年后才推出自己的第一款拥有触控技术的手机。

主要原因是当时的诺基亚高层认为触控技术的市场小，为此花太多资源不值。结果，素来以产品研发领先对手的诺基亚，反而没能满足消费者以触控技术操作智能手机的潜在需求。这个战略失误为诺基亚的失败埋下了伏笔。

诺基亚在2000年的市值是苹果公司的二十四倍，可是到了2008年时，苹果的市值远高于诺基亚。到2011年时，诺基亚的市值狂跌至苹果公司的7%。由于错过了智能手机市场的最初机遇，诺基亚从全球手机王座上跌落，被苹果、三星等竞争对手逼得步步退却。

2013年，微软集团用72亿美元收购了诺基亚手机业务，但这并没有为诺基亚带来生机。2016年5月18日，微软集团宣布以3.5亿美元的价格向富士康子公司富智康和HMD Global两家公司出售自己的入门级功能手机资产。HDM Global公司的创办者是前诺基亚高管。由此来看，诺基亚打算杀回智能手机市场，但在众多实力强劲的智能手机品牌面前，恐怕很难重返巅峰。

作为“产品为王”的典范，诺基亚的失败似乎证明了以产品为中心的经营策略走向破产。其实，重视产品研发并没有错，只不过产品研发应该密切结合用户需求喜好的变化。

在这点上，苹果比诺基亚做得更出色。尽管诺基亚早早洞悉智能手机市场的巨大潜力，研发方向却偏离了用户的实际需求。苹果推出的iPhone成功培养了智能手机用户的审美偏好与使用习惯，故而在这一轮竞争中迅猛崛起。这固然是产品的胜利，也是“一切以用户为中心”的理念的胜利。

“一切以用户为中心”即媒体所谓的“用户思维”，这个名词已经被热炒了好几年，不同的商家对此有不同的理解。有的人认为“一切以用户为中心”就是在设计产品时注重改进用户体验，有的人认为“用户思维”就是让客户服务环节变得更加人性化、个性化，有的人认为“用户思维”就是让粉丝用户直接参与到整个营销过程。

无论怎样解读，以用户为中心的思想并不是看轻研发或营销的作用，而是更好地打通企业的运营流程。在产品研发设计、宣传推广、售后服务等环节都从用户需求出发并依靠用户的力量来提升营销效率，这才是用户思维的正确打开方式。

诺基亚信奉“产品为王”，在产品开发上看似不断超前，实则隐藏着保守的一面。

就拿造成诺基亚滑铁卢的触控技术来说，这项技术在当时是尚未经过市场检验的新技术，谁也不知道消费者会不会接受。如果采用触控面板的话，每一部手机至少要增加十美元的成本。对于每年销售几亿部手机的诺基亚来说，一旦决策失误就会造成巨大的损失。对现有技术的自信与对未知风险的恐惧，让诺基亚高层放弃了这个原本有可能抢先占领制高点的市场。

当初前手机第一品牌摩托罗拉被诺基亚击败，一个重要原因是不肯升级软件操作系统。没人能想到诺基亚会重蹈覆辙。

诺基亚凭借软件作业系统Symbian在市场上创造了将近八成的销售成功记录。此外，诺基亚采取软硬件一手包揽策略，掌握软件与硬件的核心技术。这不仅降低了研发成本、缩短了研发周期，还可以随时根据市场变化而制定新的修改方案。随着智能手机时代的降临，软件作业系统Symbian已经落后于用户需求，从而导致诺基亚手机的获利能力大幅度下降。

但诺基亚没能在iPhone推出之前开发出新的软件作业系统，只是在iPhone上市后才急忙调集技术骨干来研发新的软件作业系统。可惜的是，这个亡羊补牢的举措也没能坚持到底。新作业系统Maemo（MeeGo作业系统的前身）的开发过程十分不顺利，设计团队内部意见不统一。

此外，诺基亚依然把规模与速度当成产品研发的核心竞争力，而拒绝走个性化定制路线。这使得对个性化消费需求越来越强烈的美国消费者转投苹果等智能手机品牌的怀抱。

苹果研发的新技术立足于用户的个性化消费需求，并在同类产品还没问世前就率先培养了消费者的使用习惯。这导致众多手机商很难脱离苹果开辟的道路，试图自成一体的诺基亚由于转身不及时而落了后手，最终被广大用户淘汰。

由此可见，“产品为王”的经营理念只有建立在“一切以用户为中心”的基础上才能行之长久。在个性化消费大行其道的今天，企业运营的各个环节都必须紧密围绕目标用户的特点来展开。企业必须找准自己的市场受众，并且认真了解他们的个性与需求变化。只有搞清楚这些情况，才能设计出让用户喜爱的产品，打造对用户更有利的销售渠道，提供让用户满意的增值服务。

说到底，无论是“产品为王”“品牌为王”，还是“渠道为王”“营销为王”，都是以目标用户为立足点的。当目标用户的情况发生变化时，企业的产品生产与营销流程都需要做出相应的调整。只有坚持以用户为中心的经营思想，企业才能适应瞬息万变的市场形势，克服销售工作中的各种盲点。

2. 你的产品和服务对大家有什么好处

企业判断自己是否找对目标客户的一个重要依据是，对方是否愿意为你的产品和服务花钱。只要不是强买强卖，客户愿意消费公司产品和服务的唯一理由就是他们觉得能从中得到相应的利益。这个利益就是我们常说的客户需求。

让销售人员最头痛的事，莫过于产品和服务不能打动目标客户的心。大多数消费者都讨厌上门推销，因为推销员推荐的东西通常不被自己需要。假如真是自己需要的东西，消费者巴不得用手机下单后就舒舒服服地待在家里等销售人员送货上门并完成全套服务。

所以，能否打动目标客户的关键还是在于你的产品和服务是否对他们有吸引力。换句话说，你的产品和服务能满足消费者多少需求，将成为销售进展顺利与否的决定性因素。

经过电子商务化改造的传统企业，总是给人意料之外的震撼。荣昌洗衣店推出了“e袋洗”，并高调宣称自己才是真正的O2O（Online To Offline，即线上线下一体化商业模式）企业。

洗衣行业在互联网经济发展起来之前，一直存在许多“痛点”。广大用户觉得洗衣店的营业时间不方便取送、衣物交接周期长。总之，用户体验不够便捷。荣昌e袋洗将洗衣业务电子商务化，用O2O模式顺利解决了这些问题。

电子商务的优点是无需仓储、物流配送可以外包、流量较大。荣昌e袋洗借助电子商务的力量，做出了许多大胆改革。

荣昌e袋洗的主要营销渠道是移动互联网。客户只需在微信上下订单，预约取送时间与交接地址，然后将衣物装入e袋进行交接即可。传统洗衣是按件收费，而e袋洗则是无论袋内衣服多少都收九十九元。

此外，e袋洗不当面检查衣物，这让交接时间缩短到30～50秒。每一单业务都要求在七十二小时送回。这些创新使得荣昌洗衣的发展速度大大加快，甚至连腾讯公司都被吸引来投资荣昌。这标志着荣昌初步完成了由传统企业到O2O模式电子商务公司的转型。

互联网打破了传统行业之间的信息壁垒，尤其是移动互联网的出现，进一步促进了线上生活与线下生活的一体化。而传统行业依然拥有庞大的市场需求。只不过在新的市场环境下，传统行业的品牌塑造离不开电子商务的发展。

从2013年诞生至今，荣昌e袋洗获得了客户的广泛好评。其便捷而有趣的运营方式，不仅大大改善了服务的用户体验，还突破了传统洗衣业效率低下的桎梏。

随着移动互联网的普及，e袋洗进一步简化了客户送洗及取回衣物的流程，业务也从最初的洗衣扩展到洗鞋、高端洗护、做饭、帮带小孩、维修、护理、代管宠物等领域。e袋洗在此基础上努力建设社区共享经济，通过招聘社区内40～60岁的人员担任小e管家，充分利用社区周边资源为社区居民提供无缝式便捷服务。

这样一来，社区的目标客户们不仅能在家门口获得优质服务，社区的闲置劳动力也得到充分利用，这堪称是一步一举两得的妙棋。

通过不断地跨界整合，e袋洗大大促进了北京商业消费环境的升级，这也让它升级为国内第一家综合性社区O2O生活服务平台。

2016年2月24日，由北京日报、北京商业联合会主办的“2016北京商业品牌大会暨2015年度（第十一届）北京十大商业品牌评选”活动正式落下帷幕。这次评选活动长达三个多月，目标是从八个行业的多家企业选出最具有代表性的创新商业及服务品牌。

e袋洗在本次评选中脱颖而出，受到评委会的高度评价，获得了2015北京商业服务创新品牌殊荣。这也是唯一进入十大商业品牌排行榜的O2O社区生活服务品牌。

在传统行业饱受冲击的今天，e袋洗竟然逆流而上，以传统行业和社区服务为依托，从“洗衣店+电子商务”进化为综合性社区O2O生活服务平台。其最大的成功经验就是，明确自己的产品和服务对哪个消费者群体有利，然后充分满足这些目标客户的需求。

为此，我们做产品和服务定位时应该注意以下几个方面：

第一，产品和服务的质量与价格。

对于客户而言，物美价廉是最理想的状态。对于企业而言，质量是产品和服务的生命，价格是利润的来源，能以更低的成本制造质量更好的产品是最理想的状态。

高品质的产品和服务必然需要花费更多的工本，所以企业不可能片面强调提高产品和服务的质量，还应该设法在质量与价格之间取平衡。有些客户是高收入人群，只要质量过硬，产品和服务贵一点也能接受。但另一些客户的消费能力有限，购物时对价格因素考虑较多。再好的产品和服务只要价格昂贵，就会让他们望而生畏。针对这部分客户，公司推出经济实惠的产品和服务类型。虽然没有出类拔萃的高品质，但产品质量坚固耐用，足以满足客户需求，再加上价格低廉，自然能得到目标客户的青睐。

第二，产品和服务的个性特色。

如今客户越来越追求个性化，但市场上每次出现一款特色鲜明的个性化产品或服务项目，就会马上引来一群竞争对手跟风。最终，大量的同质化产品充斥市场，让客户感到了无兴趣。但正因为产品同质化现象非常普遍，有特色的产品和服务才更容易抓住客户的眼球。

因此，公司一定要突出其独到的特色，构建一个别出心裁的消费概念，进而树立起便于客户识别的产品形象。不少公司已经把品牌文化从产品扩展到整个渠道，就连其目标客户也成为品牌文化的一个重要组成部分。在大众看来，使用某款产品已经成为某个特殊群体的主要标签，这种刻板印象的形成就是对突出产品特色的意义的最佳诠释。

第三，突出产品和服务的效用。

任何产品和服务都是为了满足某个市场需求而产生的。产品和服务的效果也是客户最看重的产品基本属性之一。为了获得某种功效，客户可能会不惜花更多的钱来购买相关产品和服务。只要产品和服务能提供足够的功效，就能在市场上占据一定的位置。所以，在产品研发阶段，企业就应该设法强化产品的功效，使之拥有更多的使用价值。

优秀的名牌产品不仅能满足客户对产品效用的基本要求，还有很多附加价值。产品和服务为客户提供的附加价值越多，客户对公司的品牌忠诚度也越高。所以，我们做产品定位时，应该让客户了解到该产品有哪些超出同类产品的附加价值。

第四，提高产品的用户体验。

有些产品是针对特殊的消费群体量身定做的。渠道经理与经销商做产品定位时应该设法向这群目标客户传达这样的信息：我们的产品专为你制造。这样目标明确的产品宣传更容易打动那些特定的目标客户群，提高产品的用户黏度。

总之，企业应当做好产品和服务的定位。唯有如此，才能让目标客户愿意买你的账。市场上最热销的永远是那些为客户量身定制的个性化产品，最能赢得客户好感的永远是那些能满足客户需求的人性化服务。

如果说选准目标客户就是“找对人”，那么让产品和服务为目标客户带来更多利益就是“做对事”。只有“找对人”与“做对事”两手抓，两手硬，销售才能财源滚滚。

3．从品牌定位开始圈粉丝

在过去的商业环境中，企业品牌比较少，消费者选择的余地不大，所以更看重产品是否物美价廉。假如消费者在某一天发现自己用惯的产品不如别的产品便宜，就可能放弃原有的消费习惯。这种品牌忠诚度较低的消费文化，使得商家往往把价格战当成促进销售的主要手段。

但如今的市场形势大不相同，个性化消费已经成为现代市场的一大潮流，没有个性的企业品牌很难赢得消费者的青睐，个性鲜明的品牌则可能赢得大量高忠诚度客户。业界通常把这类客户称为“粉丝”，把这种利用品牌效应凝聚消费者的商业模式称为“粉丝经济”。

粉丝现象最初发生在演艺圈，还没蔓延到各行各业。娱乐公司利用偶像效应与粉丝的狂热心理来刺激消费，实现经济效益的最大化。

互联网时代的到来让全球各地的人可以毫不费力地完成上百万人次的互动，无数分散的拥有共同喜好的消费者利用社交媒体聚集在一起，组成各种各样的网上社群。他们的兴趣爱好与消费习惯高度一致，对某些品牌的认同感极强，论品牌忠诚度不输给追星族。由此可见，粉丝现象在互联网经济环境中已经泛化为市场的普遍情况。“无品牌则无粉丝”俨然成为一个新时代的市场法则。价格战在贬值，品牌战在升值。为此，想要增加销售业绩就不能不顺应大环境的变化。

粉丝型消费者的出现，对于商家来说是一把双刃剑。假如能让消费者认同自己的品牌，他们就会变成具有高忠诚度的品牌粉丝，有着稳定而庞大的消费潜力。但要做到这一点，商家首先应该打造一个特色鲜明且信誉良好的品牌。

受消费者欢迎的品牌，通常有以下几个特征：

第一，美誉度高。

产品的质量、外观设计、价格、用户体验等方面都广为好评。客户的口碑在某种程度上对企业品牌起着决定性的作用。就算积累了几十年的良好商誉，也可能因为一次负面影响而陷入众叛亲离的困境。

第二，品牌已经成为粉丝群体的标签。

不同的消费者群体往往会选择不同的品牌，有些名牌产品俨然成为某类人群的标准装备，甚至是成功的象征。客户买的不只是产品，更是在利用品牌来实现自己的成就与地位。

第三，切合大家在生活中的某种长期稳定的需求点。

无论是使用需求还是精神需求，只有客户不由自主地联想起相关品牌，这样的企业品牌才能经久不衰。

在粉丝经济盛行的今天，培养品牌忠诚度较高的粉丝并不容易。很多消费者看起来是某个品牌的粉丝，可一旦有新品牌与新信息出现，就可能放弃现有品牌。问题主要还是出在消费者对企业的认识上。虽然粉丝对品牌的认同感存在一定的倾向性与排他性，但需要企业不断提供正面的反馈才能被激活。那种单方面希望粉丝在任何情况下都不离不弃的企业，显然对经营品牌缺乏足够的诚意。这恰恰是粉丝最反感的东西。

所以，想要长久地维护好粉丝，将其变为稳固的优质客户资源，就得先把品牌定位做好，真正吸引那些与品牌契合度高的客户。品牌其实没什么高低贵贱之分，关键是选对自己想要服务的人群。企业进行品牌定位时，应当遵循以下原则：

一是取舍原则。

世界上虽然有少数老少咸宜的产品，但不会有一款产品能同时满足所有人的偏好。企业应当弄清自己是为哪些人服务。选择目标客户必须有取舍，而不能妄想让所有人都喜欢你的品牌。消费者存在各种差异，不同的消费者有不同的需求重点。

市场再大，也总有不适合你开发的客户，也总有你用不了的资源。不少企业对这点缺乏足够的认识，总是把资源浪费在缺乏需求的消费者群体上，无法产生真正的效益。对于销售活动而言，“有舍才有得”不是一句心灵鸡汤，而是一种被实践反复验证过的方法论。从本质上说，取舍原则就是量力而为原则，只做自己力所能及的事。有多少产品和服务供应能力，就开发多大的市场。擅长做什么东西，就重点经营有相关需求的客户。

二是领先原则。

在任何行业中，市场份额最大、发展势头最好的永远是少数行业领军企业。领军企业要么在产品研发上有垄断的技术优势，要么拥有发达的营销渠道。无论其核心竞争力是什么，都足以让品牌影响力形成对竞争者的优势。市场竞争从来就不是对等竞争，少数领军企业瓜分掉大部分市场份额，而绝大部分企业只能争取从小部分市场份额中分一杯羹。

品牌影响力等于是企业对市场的话语权，这在互联网时代表现得尤为明显。拥有话语权的领军企业可以引领市场风向，可以制定其他竞争者不得不遵守的技术标准。所以，企业做品牌定位时应该把发展目标定在业内领先水平，以此激励自己不断进步，保持自身品牌在业内的领先地位。这样才能获得市场话语权，让更多消费者愿意接受你的品牌。

三是档次原则。

社会是分层次的，消费者需求也是分档次的。每个行业的产品都有高、中、低不同档次。高档产品性能优异、外观精美，但价格也不菲，对消费者的购买力要求较高。低档产品性能与外观都一般，但价格低廉，可通过大量采购来补充消耗。中档产品介于两者之间，也有自己的目标用户。品牌定位少不了对档次的定位，要根据目标消费者需求的档次来做相应档次的产品。

比如，定位于高端品牌的企业在做销售时应该突出自己的高品位，服务于高档次的客户，设计产品时无须在意中低档客户的喜好。反之，定位于低端产品的企业应该在销售过程中突出经济实惠的成本优势，而不能把“高大上”当成自己的卖点。品牌定位的档次不明确，就无法与相应的消费者群体进行对接。这样的销售缺乏针对性，肯定不能吸引粉丝。

四是创新原则。

怀旧是消费者的常见心态，但相对而言，喜新厌旧才是广大客户的普遍特点。曾经寄托了大家某种感情的旧产品已经不再符合人们现在的生活需要，只能作为一种生活的调剂品存在。凡是有生命力的品牌，必须能让消费者不断用新产品来装点新生活。因此，创新也是品牌定位的重要原则。

开发新产品，研究新技术，改变原有包装，重组企业形态，升级服务体系，都是品牌创新的一种具体落实办法。个性化品牌对创意的要求非常高，但创新并不是件容易的事，需要付出一定的成本，而且也考验着商家的创造力。有些企业重营销而轻创意，这在短期内可以获得很好的销路，但从长远来看，并不容易凝聚忠实粉丝。

五是属性原则。

属性原则指的是品牌定位要突出产品与服务的属性。确切地说，就是让自己的产品与服务更切合目标客户群的属性特征。每个消费者群体都带有这样或那样的社会标签，这些标签构成了他们的属性。商家想要吸引什么样的粉丝群体，就得先把该群体的消费偏好研究透彻，这样才能投其所好，培养好感度。

需要注意的是，商家做品牌属性定位时一定要放下身段，真正与目标客户群体打成一片。有些商家在不熟悉客户真实喜好的情况下就轻率地推出某些带相关元素的产品与宣传内容，反而容易“马屁拍到马腿上”，被目标客户群体视为自作聪明的行为。

总而言之，做好品牌定位是培养忠实客户群的前提条件。品牌就像一面旗帜，会吸引真正需要和喜欢相关产品与服务的消费者不断加入。假如企业缺乏鲜明的品牌标识与明确的品牌属性，客户资源就会游离不定，难以提高市场覆盖率与销售业绩。

4. 输出企业价值观，让客户自己找上门来

市场竞争永远充满了不对称性，比如“强者越强，弱者越弱”的马太效应。同样是做营销推广，著名企业好比是顺流而下，让目标客户主动找上门来，而名气一般的公司花大力气做广告也未必能产生效果。

究其原因，大多数消费者都是靠公司品牌来识别产品的。名牌产品的销售专柜总是门庭若市，而没有名气的产品会在很长一段时间里无人问津。假如销售人员不能想办法吸引消费者注意力的话，这些产品就会被市场淘汰掉。于是，强势品牌可以凭借自己的知名度优势获取大量客户资源，从而变得更加强大；弱势品牌由于拉不到多少客户，经营会越来越困难。

在销售人员寻找客户的同时，客户实际上也在寻找相应的公司品牌。产品和服务都是企业文化价值观的载体，也是对公司品牌的具象化。

对于消费者而言，产品不只是用来满足生活需求的，同时也是塑造自身形象的重要道具。每个人都有自己的消费偏好，也会根据自己的经济能力与形象特点来选择产品。客户通过购买产品来表达对企业文化的认同，而企业的文化价值观也借此机会向客户输出。

每一个成功的品牌都有自己独特的个性形象，其目标客户也会带上该品牌的个性标签。大家一看到某个品牌就马上联想到那个社会群体，这是精准营销的最高境界。要想实现这个销售目标，最重要的是在打造产品时就注意与消费者的个性标签相互呼应，让他们被本公司的品牌文化吸引。

换言之，企业应当深入了解所选目标客户的个性特征与思想价值观，为他们量身打造个性鲜明的品牌产品，进而树立自己在市场中的独有形象。当广大消费者认同本公司产品所承载的文化价值观时，自然会主动成为公司的忠实客户。

北京的故宫是中国文化的一张名片，也是举世闻名的旅游胜地，光是在2016年五一小长假期间就接待了游客21.32万人次。尽管客流量极大，但大众对故宫文化并不熟悉，大部分人都是慕名而来，走马观花地游览开放景区。

为了深度挖掘文化资源，吸引更多人关注故宫文化，故宫管理单位成立了“资料信息部数字展示一组”，采用新媒体向世人全方位展示故宫的魅力。

故宫资料信息部数字展示一组的成员是八位“80后”青年，主要负责故宫的官方网站、微博、微信和APP等互联网媒介的策划、发布以及运营。其核心理念是把故宫的资料信息变成可视化的数字信息，比如，春夏秋冬的故宫景色、以故宫为主题的萌系风格动漫、故宫收藏的某个国宝级文物等，都用网友喜闻乐见的形式展现出来。

2013年，故宫资料信息部数字展示一组推出了APP项目《胤禛美人图》，以十二幅清宫旧藏美人图为蓝本，用APP展现清宫美人“品茶、观书、沉吟、赏蝶”的日常生活。这个APP仅仅上线两周就被网友下载了二十余万次，还获得了苹果APP Store“中国区2013年度优秀APP”的殊荣。

用新技术来弘扬故宫文化，开发文化衍生品，这无疑是一个先进的理念。资料信息部数字展示一组组长于壮说：“我们要把尘封的珍宝擦亮，给大家惊艳。我们的终极目的是推广故宫之美。”

古典文化有着深厚的历史底蕴，而现代文化产品开发离不开对传统文化元素的继承与发扬。故宫APP这种形式新颖的文化产品，让大家重新认识到古典文化的魅力。

随着《胤禛美人图》大获成功，故宫资料信息部数字展示一组又先后开发了《紫禁城祥瑞》《皇帝的一天》《韩熙载夜宴图》《每日故宫》《故宫陶瓷馆》《清代皇帝服饰》等七款APP，并在2014年开通故宫的微信公众号。

在微博运营方面，故宫博物院官方微博在2013年7月17日发了一条图文并茂的微博。配图是故宫的红墙藻井和白玉石雕，文案则是“有一种美，秒杀了时光，足够让我们停留”，给人一种古朴沧桑的厚重感。

故宫资料信息部数字展示一组并不是故宫唯一的新媒体营销团队。故宫淘宝的新媒体营销团队是故宫商业生态链的另一支柱。

迄今为止，故宫博物院已经开发了七千多种周边文化产品。在2014年中，这些文化衍生品为故宫带来六亿元以上的销售额。而在2015年的上半年，故宫产品的销售额就已达到七亿，超过了去年一整年的收入。故宫淘宝迅速走红的原因有两个：一是产品设计得好，二是自媒体玩得巧。

故宫淘宝卖的文化衍生品非常有趣。比如，小龙人“龙袍”、“大学士的”平光眼镜、官翎遮阳帽伞、写有“朕就是这样的汉子”题字的纸扇、萌萌哒系列记事本等。这些产品或多或少与故宫文化沾边，例如“朕就是这样的汉子”这句话出自雍正皇帝在某个奏章上的批文。这句话被故宫淘宝爆出来后，很快成为一个网络流行语。

故宫淘宝官方微博头像是皇帝，角色定位却是“公公”。无论是发布消息还是回复粉丝评论，都坚定不移地走卖萌搞笑的无厘头路线。其文案风格颇有“一本正经地胡说八道”的色彩。

在新媒体发布的文字上，故宫淘宝团队下足了功夫。例如，《朕有个好爸爸》一文，开头写道：“朕有个好爸爸叫玄烨（康熙皇帝），DUANG!!!的一下他影响了我的整个人生！”此外，故宫淘宝常用GIF图片制作动图，让清代古画上的皇帝扮剪刀手，还是动态的。

这些创意让历史名人的形象由严肃变为生动可爱。这种娱乐化的文化产品深受年轻一代消费者喜爱，故宫淘宝的商品也因此广受欢迎。

为了更好地利用新媒体工具做销售，故宫旗下的各支新媒体营销团队对待每一款APP的设计、每一条微博、每一篇微信文章都一丝不苟。除了在专业知识方面与博物院各个业务部门的专家协商外，还邀请儿童文学专家、儿童心理学专家来协助APP游戏的设计工作。

正是这种精益求精的态度，让他们在充分发挥自己想象力的同时，贯彻了益智、娱乐、人文三位一体的故宫文化传播理念。在这种思想的指导下，古老的故宫博物院在广大互联网用户中树立了崭新的形象，成为传统文化产业突出新时代重围的典范。

在现代市场环境中，客户越来越重视个性化消费，而最能体现个性的就是多种多样的企业品牌文化。品牌文化不只是几句宣传标语，也不光是公司的外在形象，而是从企业方方面面体现出来的核心价值观。

比如，故宫博物院力求把故宫的资料信息变成可视化的数字信息，向人们传递厚重的中国传统文化。虽然故宫淘宝开发的许多产品都加入了浓厚的网络文化元素，但最核心的特色依然是故宫文化元素。在众多网络文化产品趋于同质化的背景下，故宫文化元素以其厚重的底蕴与鲜明的特色独树一帜。若非如此，故宫淘宝也不可能从传统文化产品中脱颖而出。

企业不可能永远只靠一两个拳头产品来打天下。因为市场是不断变化的，消费者需求也并非固定不变。要想做好个性化精准营销，企业必须不断跟上消费者的需求变化，时常更新产品和服务类型。但无论产品、服务、营销渠道、管理机制怎样改变，企业都应该恪守自己的品牌文化内涵。目标客户的需求变化再大，也不会脱离公司品牌所传递的价值观。他们会被这个稳定的东西吸引，跟随着企业共同成长。

所以，企业一定要建设和输出品牌文化，将自己的核心理念输入到目标客户的头脑中。这样才能让目标客户忠于你的品牌，愿意为这些优质的产品埋单。

第三章 调查客户资料的方向有哪些

想要找出最有营销价值的目标客户，首先得调查客户的情况。建立一个比较完整的客户资料档案，既是研究细分目标市场的重点，也是进行精准营销的基础。销售人员不能只站在公司的角度来分析客户需求，而应该站在客户的角度设身处地地看问题。通过多方调查来摸清客户的消费能力、消费需求、消费习惯，从而准确判断出客户到底需要什么东西。唯有这样，企业才能想办法改善用户体验，提高客户的满意度与品牌忠诚度。

客户的购买流程包含着大量有用的信息。我们从中可以得知该客户的交易内容与行事作风。通过标明消费记录曲线，企业就能清楚地掌握客户近期的需求，向对方推销其最需要的产品和服务。

不同的客户有不同的性格特点，这对销售工作的影响很大。在消费观念相同的情况下，性格迥异的客户做出的消费决策会有不小的差别。假如销售人员不能根据消费者的性格差异采取妥善的应对措施，很容易把本来有交易愿望的客户推向反面。

客户身边有很多人会对其购物决策产生影响。有的人能以三言两语说动犹豫不决的客户下单，有的人则会让本来有可能成交的客户放弃交易。所以，销售人员在洽谈业务前不光要把目标客户的情况调查清楚，还应该把对方身边足以造成影响的利益相关方的资料也整理出来。只有这样才能做到有备无患。

1．勾勒客户画像，精准锁定目标人群

精准营销可以理解为产品供应与消费者需求相匹配，找对目标客户是实现精准营销的前提。由于这个环节做得不好，许多公司只是在盲目地使用精准营销模式，并没取得良好的销售成果。造成这种局面的主要原因有以下两点：

第一，企业对目标客户群的划定不够精准，只是把现有的产品用户当成公司的核心客户。

第二，企业对消费者行为不够重视，只是凭借基本的社会属性来判断目标客户的特点。

一言以蔽之，没有精确度较高的客户画像做技术支撑，精准营销只是个好听的口号。

客户画像指的是客户信息的标签化。具体来说就是，公司在收集和分析目标客户的社会属性、生活习惯、消费行为等数据的基础上形成各种各样的信息标签，再以这些标签勾勒出该客户的商业全貌。这样一来，企业就能用更加拟人化的描述方式来揭示某个目标客户的全部特点，让销售人员对该客户的行为习惯与消费需求有更全面深入的了解。

构建客户画像是以用户数据为基础的，用户数据的作用包括以下几点：

首先，用户数据对企业业务运营有很大帮助，通过用户数据来反映产品运营过程中存在的问题。

其次，用户数据有利于监测公司口碑，了解客户的产品体验。

再次，用户数据可以帮助企业管理好客户在市场中的生命周期，并根据其需求曲线进行个性化推荐。

最后，企业可以利用数据服务来为合作客户创造更多价值。

为了完整地描绘客户画像，企业应当注意采集以下两类信息：

第一，客户的内容偏好信息，包括客户登录网站的时间、次数、浏览内容、收藏内容、评论内容、互动内容、客户生活形态偏好、客户品牌偏好、客户地理位置等。

第二，客户的交易数据，包括客户对企业的共享率、客单价、客单件、连带率、回头率、流失率、促销活动转化率、唤醒率等。

之所以划分那么细致，是因为每个目标客户都有自己独特的画像，消费习惯和需求存在一定的差异。如果要形成“一对一”的精准营销格局，就必须进一步细化所有客户的特征。

比如，易观智库在调查本地生活服务类行业的情况时发现：一线城市与二、三线城市的客户在同一领域的消费状况并不相同。在打车这种出行方式中，北京、上海、广州、深圳的活跃用户占到了总数的22.4%，其他省会城市的活跃用户则占了39.5%；在代驾领域，北京、上海、广州、深圳的活跃用户占了总数的41.9%，而其他省会的活跃用户只有25.7%；在租车领域，北京、上海、广州、深圳的用户占了45.5%，其他省会城市的用户只有24.5%。这些数据表明，北京、上海、广州、深圳等大城市的消费者比起打车更喜欢代驾或租车。

想要精确构建客户画像需要解决四个难点：一是打通客户在不同渠道的信息，二是整合产品在不同渠道的信息，三是实时采集各种与客户相关的数据，四是对客户数据进行挖掘建模。

在大数据技术的帮助下，这些难题基本上都有办法解决。但不少企业对构建客户画像缺乏清晰的思路。构建客户画像并不只是简单地整理客户档案，而是一个从微观层次到宏观层次梳理目标客户综合信息的过程。操作思路大致可以分为三步走：构建目标客户的微观画像——对客户画像的标签进行建模——分析客户画像特点。

要想构建目标客户的微观画像，首先要对该客户的相关信息进行多级分类。目标客户的人口属性、资产特征、营销特性、兴趣爱好、购物偏好、需求特征可以归为一级分类信息。二级分类信息是对一级分类信息的继续细分，三级分类信息和四级分类信息也是同样道理。

比如，客户的人口属性（一级分类信息）之下可以分为基本信息、地理位置、性格信息这三个二级分类信息。其中，基本信息可进一步细分为性别、年龄两个三级分类信息。地理位置可分出工作地点与居住城市等细目。性格信息可分为性格、星座、血型等细目。而在四级分类信息的层次，客户的性别将具体化为男性或女性，并且年龄对应具体的岁数。工作地点即单位所在街道，居住城市即北京、上海、广州、深圳或其他城市。

在完成客户微观画像的描述后，我们就可以对客户画像的标签进行建模。这个建模过程分为三个步骤：

第一步，先统计客户基本信息、收支信息、持有产品、客户渠道使用、历史交易记录、客户风险等级等原始数据。

第二步，在原始数据的基础上为客户贴上人口属性、账户历史趋势、渠道使用频率、资金往来趋势、产品购买次数、投诉次数等事实标签。

第三步，根据事实标签来构建客户画像的标签模型，用这个模型来分析客户人口属性、客户兴趣爱好、产品消费偏好、渠道使用偏好、客户活跃度、客户风险评分、客户关联关系、客户满意度等内容。

当这个模型构建完毕后，企业就可以根据客户画像来寻找自己的重点客户与核心客户。

通常而言，同一行业的不同公司目标客户群体会重合。以2015年的淘宝、京东、天猫的移动端为例，淘宝移动端与京东移动端的活跃用户大约有845.44万人是重合的，京东移动端与天猫移动端的活跃用户则有156.34万人重合，天猫移动端则与淘宝移动端有595.38万重合的活跃客户，三个移动端都重合的活跃客户有77.87万。而在同一年，微信与陌陌的活跃用户重合人数则多达4634.71万。由此可见，与竞争对手之间有重合的重点客户是一个不可避免的现象。

易观智库把客户价值分为当前价值、潜在价值能力、潜在价值空间三个维度，并按照这三个维度价值的高低划分出八类客户。

其中，当前价值、潜在价值能力、潜在价值空间得分都高的客户占总数的23.8%；当前价值高、潜在价值能力高、潜在价值空间得分低的客户占总数的18.5%；当前价值高、潜在价值能力低、潜在价值空间得分低的客户占总数的16.2%；当前价值高、潜在价值能力低、潜在价值空间得分高的客户占总数的12.4%。这四类客户是企业应当重点开发的目标。

除此之外，易观智库还根据阅读偏好、娱乐偏好、视频偏好、媒体接触习惯、餐饮习惯、出行习惯、时间+空间等数据来描述客户的生活形态，并由此划分出了学习进取型客户（占比12.1%）、生活实用型客户（占比12.3%）、潮流体验型客户（占比19.2%）、潮流社交型客户（占比15.5%）、购物时尚型客户（占比16.8%）、娱乐休闲型客户（占比12.0%）、意见领袖型客户（占比12.1%）。

这样一来，企业就可以根据客户画像的类型来全面掌握目标客户的生活形态、消费偏好、交易习惯，设计出更合理的销售策略，为他们提供最合适的产品与服务。

成功的销售首先要精准地找到最有开发价值的目标客户，把真正需要本公司产品的消费者作为营销对象。为了从无数消费者中准确找到你的核心客户，构建客户画像是企业不可跳过的准备工作。只有找对了人，销售才能变得精准有效。

2. 掌握消费者的性格特征

销售是一门技术活，要接触不同类型的客户，运用多种方法让他们对本公司的产品和服务产生好感。精准营销要求企业先要找准目标客户群体，然后准确地把握他们的各种信息。其中，客户的个性特征是一项非常值得关注的调查内容。因为客户性格会影响其消费行为习惯，如果不顺应消费者的习惯来做销售，交易成功率也不可能提高。

按照现代营销理论，消费者可以分为十二种性格类型。每一种性格的消费者在产品选购过程中会有不同的表现。销售人员则要根据对方的性格差异采取不同的接待方式。这十二种消费者性格类型具体如下：

第一，冲动任性型消费者。

这类客户心浮气躁、没有定性，很容易做出冲动性消费决策。他们通常比较盛气凌人，喜欢打断销售人员的发言，明明对很多情况不了解，却总是轻易下结论。但是，他们同时非常善变，性格十分情绪化，很容易受到他人影响。假如是自己感兴趣的东西，他们就算砸锅卖铁都会想办法购买；对于不感兴趣的东西，他们完全看不上眼。

遇到这类客户时，销售人员应当保持心平气和，使用简洁爽快的语言，根据谈判氛围与对方反应来调整说辞。先让对方发表意见，再从他们的言辞中找出其兴趣点所在，然后提出自己的看法。在促成其冲动消费的同时，也要注意防止他们因冲动而放弃交易。所以交易应当尽快完成，不要拖泥带水。

第二，理智型消费者。

这类客户与冲动任性型消费者正好相反，是理智消费的倡导者。他们购买前必定会深思熟虑，务求掌握产品的优缺点，以便准确判断其购买价值。这种稳健的消费作风会在最大限度上避免冲动消费带来的后悔心理，也会给销售人员带来一定的挑战性。

对于理智型消费者，销售人员不应夸大其词，否则很容易弄巧成拙，招致对方的反感。最好的办法是坦率而耐心地向客户解释产品的质量与特色，给他们提供充足的参考信息。当理智型消费者觉得销售人员的说明有理有据时，就会做出购买决策。

第三，挑剔型消费者。

这类客户对于很多销售人员来说比较头疼。他们普遍喜欢吹毛求疵，总会从品质、样式、包装、价格、服务等方面挑产品的毛病，并顺势提出各种不合理要求。挑剔型消费者的意见不同于理智型消费者，往往带有强烈的主观性。这也正是销售人员做好说服工作的契机。

在接待挑剔型消费者时，销售人员应当适度恭维对方的“心思细腻”，而不能直接批评他们吹毛求疵。此外，还应该在谈判中刨根问底，弄清对方真正不满意的地方，然后通过强调本公司的优惠政策来影响客户对产品的价值判断，从而促成交易。

第四，多疑型消费者。

这类客户往往对销售人员抱有强烈的不信任感，会从很多方面表示疑问，不会轻易做决断。需要注意的是，他们的怀疑仅仅是由于不了解情况和不信任人的本能，并不是对产品没有购买意愿。只要自己的疑虑能得到合理的解释，多疑型消费者就会决定下单。

因此，销售人员在对待多疑型消费者时要有耐心，用各种有说服力的证据来表明本公司产品的优缺点，也可以借助老客户的反馈意见来增强对方对产品的信心。言出必行、承诺与事实相符，是赢得多疑型消费者的不二法门。

第五，风风火火型消费者。

这类客户比较自信果断，喜欢简洁明快的交易方式。他们只要看中了产品，就会果断购买，不需要太多的说服工作。风风火火型消费者往往对公司业绩的贡献比较大。接待这一类客户的关键是弄清对方的兴趣点，再做针对性的产品介绍。只要让他们觉得划算，就能很快促成交易。

第六，举棋不定型消费者。

这类客户的特点是犹豫不决，哪怕销售人员把各方面都解释清楚了，他们还是会在一些无关紧要的环节反复商谈，把决策时间一再拖延。举棋不定型消费者与风风火火型消费者的作风正好相反，但他们并不是真的不接受产品，而是吃不准自己是否做出了冲动的决定。

对待这一类客户，销售人员不能恼羞成怒地逼迫对方做决定。如果逼得太紧，反而会把他们吓跑。应该耐心地观察对方的反应，让对方彻底了解产品，说话时不要伤害他们的自尊心，可以用朋友的口吻来鼓励他们做出消费决定。

第七，口若悬河型消费者。

这类客户非常健谈，对人没有什么戒心，比较热情幽默，利于销售人员开展沟通工作。尽管口若悬河型消费者很好相处，但他们很容易把话题带偏，从而干扰销售过程。从这个意义上说，这类客户未必能给公司带来与谈话热情对等的交易规模。

所以在接待这类客户时，销售人员应当注意控制好节奏，避免他们过于偏离正题。此外，销售人员还应该多称赞他们，从对话中找出更多的销售机会。最后，在保持和善态度的同时，不能对他们过度热情，应该在合适的时机果断结束谈话。

第八，沉默寡言型消费者。

这类客户往往很少发表意见，只是听着销售人员侃侃而谈。销售人员搞不清楚他们心里在想什么，沟通又不顺畅，所以通常会感到比较棘手。对于沉默寡言型消费者，销售人员要比平时更细心地观察对方的肢体语言与神态，不要急于直接讨论产品问题，而是通过一些其他话题来引导对方开口，再根据对方的兴趣点来做推销。

第九，畏首畏尾型消费者。

这类客户要么对产品一无所知，要么是平时没什么购物经验，所以对消费感到畏首畏尾。他们往往作风保守，缺乏自信，不愿尝试新事物，交易态度也比较消极。对待畏首畏尾型消费者，销售人员应当始终保持积极的态度，列举具体的成功案例，耐心解答对方的各种小疑问。与此同时，还要善于倾听对方的心声，增加他们的心理安全感。特别要注意态度不能咄咄逼人，令其感到压迫感，而应该尽量减轻对方的压力。否则，就无法取得他们的信任。

第十，神经过敏型消费者。

这类客户最大的特点是凡事都往坏处想，任何微不足道的问题，都会引起他们的高度紧张。他们非常喜欢从销售人员的言论中抓住某些漏洞，把任何玩笑话都当真，然后顺着这些漏洞穷追猛打地连连质问。不少销售人员因为受不了神经过敏型消费者小题大做的行为习惯而放弃沟通，错过了一些本来有可能成功的交易机会。

所以对于这类客户，销售人员要多听少说，表示对对方的高度重视。

说话一定要逻辑严密、态度认真、入情入理，切忌随便开玩笑，也不要对这类客户表现出半点不耐烦的情绪。在听取对方的质疑意见后，再态度诚恳地指出对方的误解。既要让他们在细节上理屈词穷，又要好言宽慰，令其把事情往积极的方向想。

第十一，从众型消费者。

这类客户通常没有什么主见，总是根据他人的意见来做消费决策。有时候，他们本来并不需要某些产品，但看到大家都在买，就迫不及待地跟风消费。对于他们而言，最让自己动心的就是该产品的销售业绩。凡是销量喜人的产品，从众型消费者都会毫不犹豫地选择相信。

因此，在接待这类客户时，销售人员可以在介绍完产品优势后，特别强调一下当前的产品销量、哪些人群是主要购买者、这款产品还剩下多少、产品进了几次货等信息。这样会让从众型消费者感觉自己占了便宜。但需要注意的是，销售人员不能宣传得太夸张，否则会产生反作用。

第十二，贪小便宜型消费者。

这类客户大多是讨价还价的高手，要么要求销售人员提供更多优惠折扣，要么讨要更多的赠品。他们为了用更少的钱获得更多的利益，会花很多时间与销售人员“杀价”。从这个角度来说，贪小便宜型消费者是销售人员最难对付的客户。

在接待这类客户时，销售人员应当注意合理让利，用折扣或赠品吸引其消费，如果没有折扣或赠品时，就通过详细分析产品的性价比来表明其物有所值。面对过分的杀价要求时，销售人员不能轻易让步，否则会造成利益损失。此外，还可以通过让客户试用产品来感知产品的优势，从而让客户接受销售人员报的价格。

3．分析客户的购买流程和生活习惯

假设任务是在某个商场购买某款产品，男性消费者进入商场后往往直接走最短路线抵达该柜台，买完之后又直接离开商场。女性消费者则不然，她们进入商场后的运动轨迹如同物理学中的“布朗运动”，无规则地到处逛，然后才到那个柜台购买那款产品。

由此可见，男性消费者的购物目标比较明确，而且一般不会去管目标以外的商品。女性消费者则会花更多时间来逛商场，顺便看看有没有新的特价商品。哪怕自己实际上不需要，也可能忍不住花钱购买。所以，女性消费者的交易量通常高于同等收入水平的男性消费者。

一般来说，客户的购买行为可以分为知情型购买与学习型购买。

知情型购买指的是消费者在购物前就已经充分掌握相关产品信息，是有的放矢地做决策。学习型购买则是消费者还没完全掌握产品信息时的试探性消费。学习型购买大致分为四个阶段：

首先，客户发现自己的潜在需求；其次，了解更多产品选项，货比三家；再次，试探性地购买产品或服务，以验证其是否满足自己的需求；最后，对本次购买产品或服务的价值进行评估，决定今后买不买。

商家往往会根据不同消费者的特点采取差异化销售策略。为了弄清目标客户的购买流程特点，销售人员要充分调查他们的日常生活习惯，以此作为制定销售策略的依据。比如，腾讯集团开发微信红包产品时，就对微信用户的生活习惯做了全面而细致的调查。

隶属于腾讯集团的企鹅智酷通过分析全国一、二、三线城市中的17538个调查样本，比较全面地揭示了中国移动互联网用户的“微信红包生活”特点。根据调查，一个普通微信用户的日常生活习惯大体如下：

早上六点，刚睁开眼睛，还没正式起床，先打开手机看看有没有昨天没抢完的红包可以“捡漏”。

早上八点，出门吃早点前查查有没有优惠券。

上午十点，想让微信朋友圈热闹一点，就扔个红包出去，说不定能钓出一大堆隐身的群友。

中午十二点，叫外卖时用掉以前得到的电子优惠券。

下午四点，看到微信朋友圈里有人发红包，果断去碰碰手气。

下午六点，用优惠券预订晚餐。

晚上八点，用手机逛网店，花掉积攒的优惠券。

晚上十点，搜索各个网络平台，看看有没有获得优惠券的机会。

简单地说，微信用户几乎在每个时间段都能跟红包或优惠券扯上关系，这就是移动互联网的便利性。

在大家印象中，女性对优惠打折之类的信息比男性更感兴趣。但在抢红包活动中，反而是男性比女性更在乎抢到的金额。45.9%的女性用户觉得抢到少于一元的红包也没什么不能接受的，而16.4%的男性用户认为只有抢到六元以上的红包才有价值。所以，企业发红包时要注意根据目标用户的性别差异设计不同的策略。

企鹅智酷的数据分析师还发现微信用户抢红包的原因并不在于赚外

快，更多出于三种考虑：第一，用红包来提高社交互动频率；第二，别人都在玩，觉得自己不玩就落伍了；第三，抢红包的随机性让结果充满了不可预测的神秘感，这是一件很有意思的事。

有趣的是，最喜欢发红包的是三线城市的微信用户，而不是一、二线发达城市的用户。发红包最频繁的群体是“75后”和“85后”的青年，但会用微信的老年人往往比年轻人更喜欢发红包，而且数额相对较大。

在抢到的红包中，大约有78%的金额会被用户再以红包的形式发出去，22%的金额会被提现，主要用途是网购。也就是说，互联网红包的电商平均转化率约为12.2%。

当然，也不是所有用户都喜欢抢红包，他们不喜欢的理由通常有三个：第一，讨厌那种以求转发为目的的红包；第二，觉得红包金额太小，没兴趣；第三，抢红包太费精力，把注意力变得更分散。

企鹅智酷还总结了一个“互联网红包的2×4法则”。互联网红包主要分货币类红包与优惠券类红包两大类。

货币类红包的作用：其一，用情感纽带带动社交互动；其二，拒绝“求助式”积攒的社交骚扰；其三，为简单用户与定制用户分布提供差异化的产品和服务；其四，在网络社交的基础上打通消费链条。

优惠券类红包的作用：其一，通过熟人社交来提升优惠券流转率；其二，打造社交圈的“优惠券资源池”；其三，用更及时的场景提醒服务来提升用户的产品使用率；其四，在提升电子商务转化率的同时，减少对用户的“打扰”。

电子红包最初只是电商促销的辅助手段。不料，微信红包在2014年春节突然在移动互联网上引发了“红包大战”。

进入2015年以后，互联网红包又融入了广告、金融、支付等功能，并逐渐与线下实体商店连接成O2O交易平台。我们在很多商店看到的扫描二维码支付就是互联网红包与实体商店结合的产物。

企鹅智酷宣称："到2016年1月，互联网红包在城市手机用户的渗透率已经达到89.5%。其中，现金红包渗透率是88.3%，优惠券红包是21.7%。"

进入2016年春节时，以微信、QQ、支付宝为代表的互联网红包发展形势喜人。微信红包在除夕当天的收发总量同比增长将近八倍，参与QQ红包除夕活动的用户中有75%以上是"90后"年轻用户，支付宝红包总用户的64%来自三、四线城市。这些数据表明，互联网红包的用户规模不仅在高速扩张，而且已经延伸到了相对落后的三、四线城市，覆盖了移动互联网的主要客户群体。

企鹅智酷认为：互联网红包接下来会加强对三、四、五线城市和农村渗透，老年用户将不断扩大，货币类红包向优惠券类红包转化，抢红包从节日活动变为日常活动，发红包的频次也将由高频向低频蔓延，红包传播将从社交圈向交易链扩展，红包盈利模式由普通微信支付向打造O2O平台转型。

由上述案例可知，微信红包的高速增长本质上是由于消费者养成了高度依赖移动互联网终端的生活习惯。

微信红包让下单和支付功能进一步简化，满足了人们对生活的便捷性要求。所以，越来越多的手机用户成了微信用户，而微信自带的红包功能，又反过来不断改变着消费者们的生活习惯与交易流程。这是互联网经济特有的销售模式。

《"互联网思维"改变生活》这本书指出："在互联网深度影响消费者购买习惯的今天，也迫使传统的商家开始用互联网思维来调整战略。比如，京东的兴起对传统的家电大卖场形成了巨大的冲击，这也迫使以苏宁为代表的传统家电卖场开始向互联网转型，纷纷大举构建自己的网上商城，形成线上线下的互动营销模式。"

迄今为止，89.5%的城市手机用户已经被互联网红包覆盖。由于我国城镇化率的不断提高，三、四线中小城市的货币类红包增长速度从2016年初开始逐渐超过一、二线城市。

从根本上说，以微信红包为代表的电子红包，天生就适合生活节奏越来越快的互联网社会。以娱乐与分享为特征的网络社交关系链，促使抢红包形成移动互联网用户共有的社交手段，进而成为一种春节新风俗。这也让提供衣食住行的生活服务行业获得了用微信二维码来扩大市场覆盖率的机遇。而微信支付的便利性，最终培养了人们新的消费习惯，在不知不觉中让目标客户产生了比过去更多的消费需求。

由于微信红包既能让消费者一键完成下单及支付，又利于企业扩宽新的客户资源，故而很快成为企业进行互联网销售的重要工具。这款产品的成功，恰恰说明了腾讯集团对客户购买流程与生活习惯有着深刻的理解。想要锁定目标客户，让他们心甘情愿地消费，就不能不做好这一步工作。

4．邀请客户测试方案，收集反馈信息

企业的产品和服务是根据市场调查结果来设计的。但市场调查结果与目标客户的实际情况总是或多或少存在一定的偏差。一款产品在投产后仍然需要面对市场适应期，与消费者经过一个磨合阶段之后才能真正变得受欢迎。

如何缩短产品与目标客户的磨合期，是每个企业都必须重视的问题。一个重要手段就是主动邀请客户来测试产品与服务的试行方案。

游戏行业在产品正式上市前会做封闭性测试。封闭性测试，简称封测，即由公司员工或少数游戏玩家试玩游戏初始版本，找出其中的bug（漏洞）并进行改进，从而使游戏变得更加完善。这种邀请目标客户参与测试方案的办法，可以收集到最准确的用户反馈信息，让产品变得更加符合消费者各方面的需求。

在这个提倡个性化消费的时代，精准营销模式变得越来越重要。这需要企业想方设法收集消费者的信息。若不能做到这个铺垫工作，企业无法针对不同目标客户的特点提供量身定做的产品和增值服务，也就不能让对方从消费过程中获得更多的满足感。

所以，与其猜测目标客户的想法，不如先通过一小部分目标客户来预先检验产品和服务，再把修改完善的版本全面投放市场。

海底捞是一家拥有153家分店的品牌火锅连锁企业。与其他传统餐饮企业不同，海底捞自成立以来始终没有设置营销部和市场部。但这并不妨碍它获得良好的口碑，成为移动互联网时代中独树一帜的传统餐饮企业。

截至2016年4月28日的数据，海底捞自有APP已有40万～50万的用户下载量，公众账号大约拥有260万的粉丝。海底捞目前网上订单（含微信、支付宝公众账号、官网、APP、贴吧等所有线上渠道）占订单总笔数的10%。这在火锅连锁企业中十分罕见。海底捞之所以能获得这个成绩，在很大程度上是因为贴心的人性化服务与优良的菜品质量。

成立于1994年的海底捞在互联网经济浪潮中积极求变，把“打造极致用餐体验”作为公司的战略目标。

按照精准营销的理想状态，企业应该为每一位客户打造专属服务。要做到这一点，首先应该把用户行为数据化。为此，海底捞在2014年建立了会员体系，让实体店员工在服务过程中能通过数据库识别每位会员客户的身份，从而了解到该客户的专属服务信息。

传统的会员制服务主要采取登记、发卡、积分、赠礼、打折、营销六个步骤。但海底捞另辟蹊径，开设了一个互联网体验店，为一些自媒体或O2O企业提供会议室服务和部门聚餐服务。此外，海底捞的互联网体验店还时不时组织一些针对特定群体的互联网体验活动，让餐饮场所变成了社交平台。

海底捞CIO（首席信息官）施琦表示：“四年中，海底捞一直在思考创新的‘玩法’，今年八月我们将在北京互联网企业扎堆的北京上地开一家互联网线下体验店，在那儿海底捞将为你提供传统餐饮与移动互联网结合的开放式社交平台。”

海底捞组织这些活动，就是在邀请客户参与服务测试，以便培养大量回头客。从客户进店到离开这两小时内，海底捞的服务员会记下每个客户对服务的个性化需求，他们的点菜喜好会被录入系统，显示在平板电脑上，作为下一次的参考。

为了让客户用餐更为便利，海底捞在点餐系统中设置了以下功能：

第一是智能推荐功能。客户输入本次用餐人数后，系统会结合该客户的历史点餐记录来筛选出最符合其口味的几样菜式。

第二是多人同时点餐时的自动合并菜单功能。同一桌的客户只需用手机输入自己的海底捞会员号后找到自己想吃的东西，就能把每个人的选择合并到点菜者手中的平板电脑里。

第三是定制口味功能。普通的火锅店都是标准口味，可选的余地少。海底捞为了更精确地掌握每个客户的口味，设置了麻度、辣度、浓度三个维度。标准口味即默认中间值，客户可以根据自己的口味来调整这三个维度。当该会员下次点餐时，口味条就会自动落到上次选择的位置。厨房就会根据每位会员客户的选择调制相应口味的汤底。

为了提升火锅的品质，海底捞以“千人千味”服务为目标，推行了一套具有特殊的多维度创新改善客户体验的发展模式。其核心理念是让消费者参与新口味开发，以贯彻“顾客不是消费者，而是我们共同成长的伙伴”的企业文化。

为此，海底捞在2016年5月9日举办了首届新品品鉴会。各个海底捞门店邀请了近百名客户及媒体参与本次活动，让他们品尝由海底捞技术研发部研发的二十道全新菜品以及两种新锅底，并以投票方式选出“人气菜品王”。

海底捞打算今后在每个季度都更新一定比例的菜品。菜品的存留严格遵循菜品预研、菜品研发、内部测试、专家试吃、顾客试吃、全国上市这六道程序考核，并根据各门店的点单量大数据来筛选出每个季度的新菜单。海底捞试图通过这种方式来适应国内各区域消费者的饮食习惯，形成每一位客户的专属口味。这正是对“千人千味”主张的落实。

施琦指出：“当产品推行到服务层面，收到反馈，再进行产品的改良，就是一个正向的循环。在线上，海底捞的下一步计划，一方面是系统的继续优化，比如采用互联网企业常用的A/B text，也就是说有些功能和流程会做两个方案，让顾客测试使用，通过积累下来的数据，选择顾客更喜欢的那种方案进行推广；另一方面是对会员管理和数据分析做更多的功课，顾客反馈哪项服务好，海底捞就会集中推广哪项服务。”

由此可见，邀请客户测试产品和服务新方案将在今后成为海底捞的固定制度。每一位客户都能参与到海底捞的新口味开发行动中。

在互联网经济时代，个性与特色才是得胜之道。至于企业的产品和服务要发展什么样的特色，完全取决于其所选目标客户的特征。邀请目标客户直接参与测试方案来收集反馈数据，就是对这种思维方式的典型运用。

在海底捞CIO施琦看来，企业最终选择什么样的特色服务方案，是目标客户自然选择的结果。

他认为：“顾客喜欢哪项线上服务，都是自然选择的结果。海底捞除开始阶段出于培养用户习惯的需要而使用补贴外，最终还是要将用户选择回归自然。即取消补贴，看顾客究竟喜欢哪项服务，这种服务恰恰是能给顾客带来方便的服务。……我们不会强迫顾客使用一个他不喜欢的入口，顺其自然就好。”

在过去，企业片面追求品种繁多的高档产品，以求总有一款能满足消费者的需求。这种大撒网式的做法无疑会增加产品研发和营销的成本，命中率也不会很高。相比之下，还是直接根据广大消费者的使用体验来设计产品或服务，更有利于实现以用户思维为核心的个性化精准营销。

在这个过程中，企业必然要承担一定的风险，比如初始版的产品和服务完全不受客户欢迎，不得不推倒重来。这种情况也可能不会出现，但无论怎样，在全面推广之前找出问题，才能把损失降到最低，提高今后的销售成功率。

第四章 你眼中的客户需求真是客户想要的吗

正确把握客户需求是销售工作的一个难点。许多企业常犯的错误是凭现有经验主观臆测市场需求，而不踏踏实实地做调研。有些被公司寄予厚望的产品在市场反响平平，说到底就是由于其并不符合客户的真实需求。

从消费心理学的角度来说，客户买产品不只是为了获取产品的使用价值，还有其他的消费动机。产品的品质往往与品牌形象直接挂钩，所以很多消费者会把某个产品视为某种社会身份的标签。销售人员在洽谈业务时应当仔细揣摩客户的消费心理，准确判断出他们需要的是产品的哪些属性，从而在销售策略中突出相关重点。

客户评论是了解市场需求的重要途径之一，但相对于充满情绪色彩的评论意见，客户的消费记录数据更能反映出他们的真实需求。所以，很多企业都借助大数据技术来统计和分析用户需求，以便随时掌握目标客户的消费动态，提前预测其潜在需求。

在这个讲究个性化消费的年代，企业经常通过消费数据统计结果来向客户推荐产品。但这个做法并不讨客户喜欢。因为系统经过计算后自动推荐的东西大多不是客户真正想要的。过于频繁的产品推荐反而降低了用户体验舒适度，让消费者感到不满。所以做客户需求调查时，销售人员不能只看系统数据，还应该跟用户多多交流。这样才能把他们的真实想法摸透。

1. 客户买产品只是为了买产品吗

全球第三大个案研究公司——益普索（Ipsos）集团针对中国女性消费者的奢侈品消费做过一番市场调研。调研样本包括分别来自国内一、二、三线城市的四千名20～44岁女性消费者。

调查结果显示，中国女性消费奢侈品的理由主要有五个：第一，表现个人品位；第二，彰显身份地位；第三，确保生活品质；第四，润滑群体交往；第五，释放自我。

由此可见，客户购买产品不只是为了买产品，而是有多种考虑。通常而言，客户的消费心理会受到五种因素影响：

一是性别差异。

男性客户与女性客户的购物习惯有所差异。比如，买同一款产品时，男性客户往往一进商场就直奔自己所需商品的货架，基本是走最短路线；女性客户则不同，她们会先在商场中四处闲逛很久，做不规则运动，然后才绕到所需商品的货架。此外，男性客户可能更喜欢简约大气的造型，更重视产品的耐用性；女性客户则偏爱华丽精致的包装，更重视产品设计的美感。

二是年龄差异。

不同年龄段的客户，需求也大相径庭。中老年人看重产品的实用性、耐用性、易操作性，相对偏爱朴实大方的产品造型；而年轻人喜欢外形时尚美观的产品，同时也希望产品性能更先进、功能更齐全。例如智能手机，许多中老年人也学会了用手机上网，使用微信等社交工具，但他们需要更大的字体页面显示（视力不好）、更简单的操作方式（记不住复杂的操作步骤）等对中老年人有利的产品特色。所以，针对中老年人的产品与针对年轻人的产品要区别对待。

三是文化程度差异。

文化程度直接影响了人们的审美情趣。对于文化程度较低的客户而言，优雅的产品并不比简单的产品更有吸引力。反之，文化程度较高的客户往往在产品的细节与品质上更为挑剔。所以，企业在设计产品时要注意考虑目标受众的平均文化程度。

四是经济能力差异。

有的客户是“吃光花光，身体健康”的“月光族”，另一些客户则坚持传统的勤俭节约理念。但无论是哪一种客户，都不能脱离自己的收入水平做消费决策。经济能力最终决定了客户的购买力大小。随着我国居民收入的不断提高，客户的购买能力越来越强，各种新的消费需求也在不断增长。针对低收入人群的产品与针对高收入人群的产品必然要通过不同的渠道来销售，这点也是构建营销渠道时需要注意的地方。

五是生活环境差异。

加湿器在降水充沛的南方没有用武之地，但在气候干燥的北方很受欢迎。没有暖气的华南地区在冬天对电暖器、电热毯等取暖设备具有较大需求；而在暖气设备完善的北方，这些产品如同鸡肋。

客户的购物决策受上述五大因素影响。这些因素都是客观因素，基本划定了客户的购物需求范围。但客户的购买行为不只是受客观因素影响，主观心理需求也是造成其消费决策千变万化的重要原因。

客户在购买产品时的心理需求主要有以下几种：

第一，重视产品性价比的实惠心理。

对客户最有吸引力的词无疑是“物美价廉”。通常而言，一分钱一分货，贵的东西不一定好，但精品肯定很贵。制作精品需要花费更多成本，所以人们对高品质与低成本的追求永远是一个矛盾。假如产品质量过硬且造型美观、有品位，同时又有亲民的价位，那可真是再理想不过了。

许多名牌精品搞促销活动，实际价格可能下降不多，但能吸引其目标用户抢购。因为客户普遍具有追求实惠的心理，巴不得性价比无限提高。所以，企业建设渠道时总会设法压缩中间环节的成本，为产品创造更多的让利空间。这样才便于企业与经销商用更多优惠活动来制造购物热潮。

第二，强调产品的品位与美感。

尽管不是所有客户都学过美学，尽管人们的审美观千差万别，但对“美感”与“品位”的追求是人类共同的心理。当客户的经济能力较弱时，可能更重视产品的性能与耐用性，以求把有限的购物经费花在刀刃上。随着经济能力的提升，他们的消费观也会发生变化，越来越重视产品的品位与美感。同样的产品，包装越精美，客户的购买欲望也越强。

第三，追求产品的便捷性。

我们生活在一个快节奏的社会，任何不够方便的事物都会被淘汰。比如，微信支付等移动互联网支付工具兴起后，人们逐渐习惯用微信钱包代替现金来进行消费。原因无他，方便而已。便于携带，操作简单，易于保养维护，这些都是客户对产品的期望。

所以，企业在提高产品的技术含量的同时，也要注意在设计上满足客户对便捷性的需求。渠道建设也要注意贯彻便捷性原则，让客户能更方便地从销售网点买到自己想要的产品。便捷性足够高的话，会大大提升客户的购物意愿。

第四，只买名牌的炫耀性消费。

如今，许多品牌产品几乎成为某类人群的代表词。产品不再只提供使用价值，还成为一种身份的象征。比如，女性客户用名牌包包来展现自己的经济实力，而男性客户利用汽车、高档西装、豪华别墅来构建自己成功人士的形象。

大部分人都或多或少带有炫耀性消费心理。在他们看来，能买到某种产品表明自己比其他人更优秀，或者自己不输给其他人。企业在渠道建设中强化品牌形象标识，也是利用了广大客户这种共同的消费心理。

第五，追求产品的个性化。

每个人都有自己的消费偏好。企业设计生产的产品不可能人见人爱，一部分人喜欢而另一部分人不喜欢才是市场常态。如今，市场中的产品种类十分丰富，每一位客户都会从中挑选符合自己消费偏好的产品，以此突出自己的个性特征。这就要求企业充分做好市场调研工作，把渠道铺设在目标客户群感兴趣的地方。

除了上述五种普遍消费心理外，客户的购物行为还存在三种特征：

首先，客户需求具有时代性。

当一个产品改变了人们的生活习惯时，就会产生各种各样的新需求，可能会引发其他相关产品的开发热潮。这又进一步把人们的生活带入了一个新阶段，形成一段时期内的新风尚。所以，企业渠道一定要坚持与时俱进，不要脱离时代发展进程。

其次，客户需求有周期性。

市场每一年流行的东西各异，但到后面又会以某种方式回归到此前某年的审美风格。当代市场追求的时尚性，有时候会出现螺旋回归的现象。

市场上将其称为“复古潮流”。掌握这个周期性，有助于销售人员把握各时期客户需求特点，制定针对性的推销策略。

最后，客户需求具有从众性。

大部分客户都会货比三家再决定购买。他们的消费看似深思熟虑，其实有可能是受到了大众选择的影响。很多产品，客户原本不打算购买，但因为其他人纷纷抢购，于是默认这种产品真的很好，而不会做细致的调查。特别是互联网时代，粉丝经济崛起，数量庞大的粉丝把客户的从众性发挥到了极致。

2. 用户数据比评论更能反映真实需求

哈佛大学社会学教授加里·金说:“这是一场革命，庞大的数据资源使得各个领域开始了量化进程，无论学术界、商界还是政府，所有领域都将开始这种进程。”这个预言在二十一世纪变为现实，应验在“大数据营销”的身上。

“大数据”的概念已是陈词滥调，但大数据技术的应用依然方兴未艾，正在席卷互联网行业之外的各个传统行业。

数据量的暴涨把世界带入了大数据时代，但完全迷信数据是不可取的。如今，市场上已经有专门的第三方服务机构来操控舆论，可以引导出一个与市场实际情况截然不同的数据分析结果。尽管存在这个弊端，但每一位销售人员都应该具备大数据意识。因为“一切以用户为中心”的理念离不开大量消费数据的支持。

在过去，企业调查客户需求的手段有较大的局限性。既不能及时采集目标客户的交易记录，也缺乏先进的数据分析工具来处理这些客户信息。消费数据的挖掘成本太高，其潜在价值没能得到充分发挥。

在大数据技术出现后，这个局面被彻底扭转。大数据为我们提供了一个新的理解世界的角度。数据库在互联网经济环境中占据着核心地位。谁掌握了消费者数据，谁就赢得了市场。

以大数据分析结果来指导企业营销，是新时代的常见商业模式。

比如，麦当劳、肯德基等快餐行业巨头，根据数据分析结果来选择店铺的最佳位置。谷歌则通过采集用户搜索次数来统计用户的行为曲线。而Facebook在分析用户发帖数据后，将不同类型用户的习惯和喜好做了精确划分。而百度用大数据技术成功预测了春节后的人群流动情况，以此作为改进百度地图的依据。沃尔玛的省钱之道在于拥有高度优化的供应链，根据各区域市场的消费行为特点来精确控制各个卖场的货架摆放方式。

据业内专家预测，由大数据形成的市场规模在2017年时将会达到530亿美元。从这个意义上说，数据也许是未来市场中最大的交易商品。因为企业掌握了数据资源后，就能找出最适合自己开发的目标客户，也能为每一位消费者提供相应的个性化产品与人性化服务。

支付宝在设计账单时非常注意客户需求，尤其是那些最让他们在意的隐藏需求——了解自己的收入与消费状况在社会上处于何种层次。于是，支付宝在2013年改变了传统的流水账式账单形式，重新设计了界面生动有趣的新式网上账单。

这些账单采用了“2013年我的支付宝生活”和“我的网络生活”之类的亲民标题，以显示支付宝的“接地气”思路。

支付宝根据大数据统计结果显示出每个客户在该区域市场的所有消费者中的年度支出排名。在账单栏目中这个结果并不是直接说“我的年支出在某某市排名第×××”，而是“我的年支出在某某市排名超过了××%的人”。这种不报人均年支出数、年支出总数，直接给百分比结果的展示方式，让客户能直观地了解到自己消费水平处于哪个层次。

当时谁也没想到，这种新式账单在互联网上引发了“全民对账单”的热潮。支付宝用户们以在各种社交媒体上以晒账单为乐。大家在全民对账单活动中了解到不少有意思的细节。

比如，新疆图木舒克市的男性消费者为女性购买商品的数量在全国排第一位。于是，支付宝就顺势称该市的男性消费者是国内“最疼女人”的。这些趣味的消费信息对比，改变了传统账单给人的呆板印象。

不过，这个小小的创意在没有互联网和大数据技术的时代是无法实现的。因为这种创意高度依赖大数据技术出色的信息处理能力。支付宝形成了以数据驱动营销的商业方式。公司通过大数据系统对各个区域市场的用户反馈数据进行综合分析，从而归纳出针对特定目标客户群体的综合情报。

将杂乱无章的庞大数据转化为揭示出某种规律的分析报告，是大数据技术的看家本领，也是通过用户数据来调查客户需求的关键。不过，很多企业对大数据的运用还存在以下误区：

误区一：企业上下缺乏大数据思维。

有的企业引进了大数据的概念，也注意整理目标客户的数据。但在产品设计、营销推广、管理运营等环节，依然是凭借经验与直觉做决策，而不太注意数据分析结果。

误区二：只重视硬件建设，而不重视软件建设。

技术问题并非阻碍企业运用大数据的主要因素。传统行业的中小企业就算无力自主建立大数据中心，也能借助第三方服务商的专业服务来完成细分市场调查工作。真正的阻碍不是技术硬件方面的问题，而是企业文化、管理方法、员工意识等思想软件方面的问题。如果只是购进技术设备，而不对管理决策机制与营销渠道进行调整，大数据思维就无法有效落实。

误区三：只满足于数据报表，而未能深入挖掘数据背后的规律。

调查用户数据大致分为三个步骤：第一步是收集数据，细分目标市场并分析目标客户的交易记录；第二步是根据用户数据分析出用户当前需求与下一阶段的潜在需求；第三步是根据大数据分析结果来设计针对每一位目标客户的个性化营销方案。倘若只是把用户数据管理简单看作整理报表的话，说明企业始终在第一阶段原地踏步，根本谈不上充分挖掘用户数据的价值。

大数据既是一个概念，也是一种新的思维方式。运用大数据，首先要重视数据采集与存储。数据库在互联网经济中占据了核心地位。无论是目标客户群体的跟踪分析，还是“一对一”的个性化精准营销，以及企业自身的运营决策，都离不开数据库。

因此，目光远大的企业应当努力建立自己的数据库，以掌握未来市场的主动权。

比如，百度集团计划建设“基于地图云平台的百度公交信息服务”，试图在技术足够成熟时与各级政府部门进行合作，以促进我国的智能交通产业发展。腾讯集团则打算效法谷歌，投资成本较低的小卫星，以完成自己的智能交通常用布局。阿里巴巴也不甘落后，致力于开发“轨迹云服务”平台，声称要把“两客一危”车辆全部纳入“轨迹云”的监控之下，让目标客户能够实时查询车辆位置与历史轨迹。

沃尔玛资讯中心副总经理特瑞尔指出：“沃尔玛本身就是一个海量资料系统，适用各种商业上的分析行为。”

美国媒体称沃尔玛掌握了将近70%的美国消费者的交易数据，80%以上的境内邮箱信息。通过大数据算法推荐和预测方案的技术支持，沃尔玛将清楚地知道每位消费者的身份、购物需求，甚至下一阶段的需求。对用户数据的全面掌控，是沃尔玛销售帝国在互联网经济冲击下长盛不衰的一个重要原因。

总之，最能体现客户消费特征的并不是他们给产品做出的评论，而是他们的交易记录数据。消费者可能会出于与商家博弈的心理故意提出超出事实的批评意见，以便讨价还价。但客户的最终消费数据将毫无保留地揭示其真实的想法。所以，对于用户数据，企业应该以对待黄金的态度来认真处理。

3．放弃自以为是的推荐，找到客户关心的价值

消费者对产品信息的了解通常不如销售人员多，他们会货比三家，但不一定能选中能满足自己需求的产品。销售人员存在的意义就是成为产品与目标客户之间的桥梁，让本公司的产品找到最需要它的消费者，让消费者选择最适合自己的产品。让对的人获得对的产品，可以说是精准营销的最高境界。

精准推送的营销模式不但能提高用户流量变现为经济效益的成功率，还能大大减轻企业的经营负担。而且选定了主攻方向后，新媒体的营销可以深耕细作，把这个领域做出鲜明的特色。特色越突出的品牌形象，越有望成为某个网络标签的代表，从而更容易被用户搜索到。

对于用户而言，精准推送是一种非常友好的用户体验。

信息过剩是造成注意力资源分散的直接原因。所以，用户为了避免接受过量的信息，会主动屏蔽自己不感兴趣的内容。相对于半封闭的微信，微博的开放性非常强。这意味着用户可以获取更多不易搜集的碎片信息与冷门知识。但也正因为微博具有极强的传播力，用户能关注的首页信息太多、太杂，反而促使他们把关注对象集中在一到几个比较固定的领域。除

此之外的信息，他们并不太关心。

由于信息不对称，这个对接过程非常艰难。

按照“沟通漏斗理论”，信息在传递过程中会不断衰减。

假设销售人员心里想的是100%，表达出来时可能已经漏掉20%的内容。而这仅为本意80%的信息可能只有60%能传入目标客户耳中。由于每个人的知识能力与思维方式存在差异，目标客户基本上不会完全理解销售人员提供的信息，只能理解40%。当目标客户进行反馈时，表达的意思同样会比心中所想的减少20%的内容。最终，人们在沟通中只有20%的信息能真正被对方有效地理解和执行。通过反复沟通后，双方才能不断提升信息的完整度，无限接近100%的信息传递。

“沟通漏斗”的存在使得销售人员并不完全明白目标客户的需求，而目标客户也很难说清自己的全部需要。这样一来，就可能让一些本来很适合交易的产品错过最合适的用户。

所以，为了刺激客户消费，销售人员会主动向客户推荐一些其他产品，万一对方恰好需要，就能达成更多的交易。这也是一个摸索对方潜在需求的过程。

这种传统的推荐方式过于依赖销售人员的个人经验，成功率比较低。互联网时代推崇精准营销的理念。由于技术条件的进步，网络营销渠道可以根据一定的算法和历史交易记录把客户可能感兴趣的产品计算出来，然后在网页上进行推荐带有某种关联的其他产品。此举会增加目标客户对同类产品的了解，刺激他们做出新的购买决策。

比如，微博上经常弹出一些你原本没有关注的账号信息，这就是微博根据数据计算后自主推荐的类似产品。又如，当当和京东会根据客户的消费记录推荐同一标签下的产品，或者提示购买过同一产品的消费者还购买了哪些产品。

系统自动推荐取代了人为推荐，数据分析取代了经验判断。这看上去非常有精准营销的感觉，但实际上还是存在一个误区——系统推荐的产品信息并不真正符合目标客户的需求。推荐越多，越令他们反感。

造成这个局面的原因很简单。计算机系统与客户对“同类产品”的理解存在偏差，网络营销的推荐信息是根据某种算法来筛选的，但这些算法用到的关键词和标签分类是商家做的。

商家做各种标签信息时并不是根据各领域的专业标准来分类的，比如“文史”标签的推荐人往往是袁腾飞、当年明月等业余历史网络红人，而不是真正的历史学家。谁在互联网上能获得更多的点击量，商家就会把谁当成相关标签的代表性人物。

比如，新浪微博会根据用户浏览网页的情况统计出相应的关键词，然后再根据该关键词来推荐相关的文章、视频、热门话题、自媒体大V和营销号。

其实，不少院校的历史系教授有自己的微博，有些人在学术圈内赫赫有名，但对大众来说比较陌生。有些人的知名度比较高，比如上过《百家讲坛》的易中天、蒙曼、于赓哲等。前一类人往往只有铁杆文史爱好者和院校师生感兴趣，在商家眼中属于小众需求；后一类人的受众范围扩大到了普通民众，在商家眼中属于大众需求。谁能为企业带来更多的经济效益，是显而易见的。

用户流量在互联网经济中是金钱的代名词。所以，商家在制作推荐标签信息时是跟着用户流量走，而不考虑信息分类的专业性。这种做法有利于吸引大量消费者，但基本上把细分市场中的小众消费者排除在外。

所以，在充分借助互联网大数据调查市场时一定要注意，某个细分的目标客户群体可能会因为表现太活跃而造成数据上的倾斜，让商家误以为该活跃群体的消费偏好能代表市场中的大多数。

其实，目标客户群体中会细分出许多不同的小圈子，各个圈子都具有比较稳定的需求，只是因为活跃度相对较低而被其他活跃群体所代表。这就是商家自以为精准推荐的产品信息经常激怒不同目标客户的主要原因。

精准营销对商家与消费者都有利，要实现这点，精准推送信息也是必不可少的工作。销售人员不能过于依赖计算机系统的自动推荐，把了解目标客户需求的任务完全丢给机器。真正意义上的精准营销，首先应该是找到目标客户所关心的价值，真正去了解他们在想什么。

据《微博营销，对“90后”大学生究竟有什么影响？》的调查结果显示：“在参与过微博营销活动的人中，受访者参与最多的活动依然是促销类微博营销，其中团购/优惠券活动占比最高，占到62.8%，其次分别是转发送礼品/积分、有奖竞猜和促销活动，占比都超过50%。类似公司发起的主题互动活动和推送类广告活动的参与度仍然较低。”

此外，该调查还指出：“在引起受访‘90后’大学生参与微博营销活动的原因中，‘自己感兴趣’是他们选择最多的，比例达到57%。其次是‘活动形式新颖’，占比40.9%。而‘互动性强’是他们参与微博营销的第三大原因。其他原因还包括‘为了获得奖励’‘活动有价值或有意义’‘企业表现出的形象让人觉得很亲切’。从引起关注和参与原因的数据对比可以看出，虽然‘奖品丰富、奖励吸引人’最能吸引受访‘90后’大学生关注微博营销信息，但是，最能让他们参与其中的仍然是他们‘自己感兴趣’以及‘活动形式新颖’等。”

由此可见，以“90后”大学生为主体的互联网消费人群关注的价值最主要的是兴趣。只有真正让他们感兴趣的推送营销内容，才能让他们积极参与进来。

因此，企业应当不断改良系统算法与营销标签信息，以便在今后更准确地掌握各种目标客户的细分需求。而销售人员也应当学会先了解目标客户关心的价值，而不是把自己眼中的“有价值产品”和“有用信息”强加给对方。

4．从用户行为中挖掘客户的潜在需求

市场需求往往隐藏在客户的日常生活中，所以了解客户的行为习惯是寻找商机的起点。如今消费者可以借助移动互联网来获取衣食住行所需。所以，很多商家通过观察用户的上网习惯来掌握他们的行为特征。

通过了解广大用户的行为特征，企业可以找出对自己产品需求最大的社群。然后通过改善自己的产品与售后服务，来提高用户使用产品的频率，使其对产品的实用性做出更高的评价。如此一来，企业就可以发挥主观能动性，积极培养目标客户的共同消费习惯，为他们提供更符合潜在需求的产品和服务。

在分析用户行为的过程中，销售人员应该注意两个方面：

一是认清本公司的市场调查目标。

市场调查目标指的是与销售活动相关的具体目标。比如，削减生产成本、提高收入水平、改进用户体验等。以降低成本为目标的用户行为分析，主要是分析生产营销渠道中的冗余部分，删减不必要环节，实现渠道的优化。以增加收益为目标的用户行为分析，重点是分析下单转化率、付款率等，找出影响消费者下单的负面因素。以改进用户体验为目标的用户

行为分析，重点是观察注册用户的流失率，用户抱怨最多的产品和服务使用细节。

二是不同目标用户之间的类型差异。

精准营销以细分市场为起点，细分市场则以全面了解目标客户的生活情况为起点。用户的性别、职业、收入水平、消费偏好、生活习惯等方面的差异，都会影响其消费行为。这些都是销售人员应该尽可能调查清楚的内容，销售人员可以从中找到真正有开发价值的目标用户群体。

2016年1月22日，中国互联网信息中心CNNIC发布第37次《中国互联网络发展状况统计报告》。报告显示，截至2015年12月，中国网民规模达6.88亿，互联网普及率为50.3%；手机网民规模达6.2亿，占比提升至90.1%，无线网络覆盖明显提升，网民Wi-Fi使用率达到91.8%。

从这组数据可以看出，中国移动互联网用户的市场容量大得惊人。假如能抓住他们的潜在消费需求，就可以为企业带来广阔的发展空间。腾讯集团在升级微信产品时，就对微信用户的群体结构与行为习惯做了详细的调研。

据《2015年微信公众号用户行为习惯研究》显示，使用公众号购物的用户有70.2%为男性，号称“剁手党”的女性用户仅占29.8%。而且男性用户在公众号上的年平均消费水平是3485元，女性用户则是3132元。当然，这并不是说在任何渠道都是男性消费水平超过女性。这些数据只代表通过公众号进行购物的用户情况。

从年龄来看，24～40岁的用户占了总数的75%。购物用户的年龄情况具体分布如下：

公众号购物用户在24～30岁的年龄段最多，占比36%；其次是36～40岁的年龄段，占比20%；再次是31～35岁的年龄段，只比前者少一个百分点。

从学历的角度看，高中及以下学历的公众号购物用户仅有5.1%，大专学历的用户有21.9%，本科学历居然多达64.8%，硕士或双学位学历的占7.1%，博士学历的用户仅有1.1%。也就是说，有73%的公众号购物用户是本科及以上的学历。移动互联网营销的大部分订单来自高学历人群。

公众号购物用户的职业分布非常广泛。但总体来说，企业基层管理者占比21.3%，政府或事业单位职员占比16.2%，各行专业人士占比15.9%，私企或外企职员占比14.8%，企业中层管理者占比8.5%，个体户与自由职业者占比7.4%，国企职员占比6.5%，学生占比3.1%，制造业工人占比2.8%，服务业职工占比1.1%，国企高管占比0.9%，私企、外企、合资企业高管与家庭主妇一样，占比0.6%，退休人员占比最少，只有0.3%。

除了微信用户的结构特征外，用户行为习惯也对销售有着深刻的影响。

根据《2015年微信公众号用户行为习惯研究》显示，大约有将近80%的微信公众号用户平均每天访问公众号1.5次，其中半数以上的用户平均访问时间达到了25.6分钟。

微信用户在早上起床前的访问量为27.6%，在上班途中的访问量为38.1%，在午饭时间的访问量为39.3%，在工作间隙的休息时间的访问量达到巅峰，为77.3%，在下班路上的访问量为35.9%，在晚饭后的访问量为53.1%，在睡前的访问量为50.1%。

由此可见，大多数人对微信依赖程度很高，而且喜欢在工作间隙的休息时间与晚上的休闲时间访问微信公众号。于是，许多微信公众号把这两个时间段作为营销的重点时段。

公众号购物用户的个人平均月收入为6200元，家庭平均月收入为11653元。这在全国属于中等偏上的收入水平。收入水平越高的群体越倾向于通过公众号来购物。

这主要是因为公众号不仅支付方便，且有红包或现金抵用券之类的优惠折扣，再加上其产品促销信息比较全面。所以，70%以上的微信公众号用户都会出现购买行为。使用过微信支付购物后，大部分用户都会逐渐养成新的消费习惯。

据《2015年微信公众号用户行为习惯研究》的调查结果分析，不同产品在公众号营销中的受欢迎程度不同。

最受欢迎的是外卖点餐之类的刚性需求。对于这种新兴的消费方式，96.3%用户对微信公众号没有什么不满意。其中43.2%的用户认为在微信公众号上购买的产品与其他渠道买的没什么两样。这也是众多商家纷纷与腾讯合作开发微信支付的主要原因。

在一般情况下，用户行为可以从用户黏度、用户活跃度、用户产出率这三个角度进行分析：

一是用户黏度。

用户黏度指的是目标客户对企业品牌的忠诚度是高还是低。用户黏度高的品牌会出现一大群死忠粉丝；反之，最多也只是叫好不叫座。体现用户黏度的主要数据是客户访问频率与客户访问时间的间隔。简单地说，就是一个客户每天访问你的新媒体平台多少次，隔多长时间来一次。客户越勤快，公司产品和服务的客户黏度越高。

二是用户活跃度。

高黏度用户的兴趣点存在差异。有些人可能喜欢看企业新媒体发布的营销信息，有些人可能喜欢跟官微小编进行互动，还有一部分人可能对产品与互动都不感兴趣，只是喜欢看公司官方新媒体分享的其他类型文章罢了。所以，用户在不同页面上访问的次数与停留的时间长短，可以从侧面反映出他们平时关注哪些内容，从而让销售人员灵活调整销售策略。

三是用户产出率。

把客户行为转化为实际收益是用户行为分析的根本目标。高黏度用户可能会天天浏览你的微信和微博，转发和评论你发布的内容，但不一定会下订单买你的产品。有些用户下订单很少，购买一次后，就不再继续消费了。订单的交易额度也是有高低之差的。所以，想要获得更高的效益，就得设法扩大目标客户的消费需求，使其多下订单且多下大额订单，同时减少退货率。

总之，销售人员从目标客户的行为习惯中发现很多有用的信息。无论是细分市场，还是改进产品或服务，只有顺应目标客户的行为习惯，才能满足他们的潜在需求。这样才能避免销售工作的盲目性，扩大本公司在细分市场中的受欢迎度。

第五章 客户的合作价值该怎样判断

“选对客户”包含了三重含义：其一，选择与企业经营方向相匹配的客户；其二，选择企业有能力开发的客户；其三，选择有合作潜力的客户。一个公司的价值大小，主要取决于其总体客户资源的价值大小。有的企业看上去一呼百应，消费者与营销团队之间的互动很频繁，但销售业绩未必同样火爆。造成这种现象的主要原因就是该公司的客户结构不合理。

同一个细分市场下的消费者也是多种多样的，不同客户的消费能力与消费愿望存在差异。做好客户分类既是公司调整发展战略的前提，也是销售人员做好营销的基础。无论对企业整体发展还是对销售员的个人业务来说，优质客户总是少数派，但其带来的价值超过了多数普通客户的总和。通过客户分类来找出这些合作潜力巨大的优质客户，是提高销售业绩的重要途径。

衡量客户价值应该从多方面着手，不可顾此失彼。销售人员一方面要认真评估各个客户的消费实力与发展潜力，另一方面要关注其品牌忠诚度与信用度。优质客户既能带来更多的业绩，也会给公司运营增加相应的风险。

假如客户价值评估工作没做好，销售人员就可能陷入两个困境：一是把时间与精力消耗在合作价值不大的客户身上，使公司资源造成浪费；二是可能让公司被信用不佳的大客户所拖累。

1．公司价值取决于客户价值

《参与感：小米口碑营销内部手册》指出："对于一个品牌，知名度意味着能让用户听见，美誉度意味着走到了用户身边，而忠诚度则代表已在用户心里。所谓的粉丝文化就是看你的品牌有多少忠诚的用户。"

也就是说，一个企业品牌的价值是由忠诚客户的规模来决定的。

我们对一家企业品牌影响力的主要判断依据是该公司的员工多不多、公司知名度高不高、产品销量大不大。这三个方面既有联系又有区别。如果公司的产品受目标客户欢迎，销售量就会大。产品销量够大，经济效益好，才能为公司带来更高的知名度。这样公司才能不断扩张规模，拥有更多的员工数量。世界五百强在这些方面都很突出，所以公司价值与影响力超过其他大多数企业。

从根本上说，公司的价值不取决于产品的价值，而取决于客户的价值。

客户的价值包括客户资源的数量与质量。一家企业的市场受众越广泛，客户价值越大。哪怕产品价格较低，也能通过庞大的交易量累积出巨大的效益。假如公司的目标客户消费能力强且品牌忠诚度高，其客户价值将更为突出。

企业竞争的形式有价格竞争、渠道竞争、创意竞争等，但无论哪种形式的竞争都是争夺目标市场中的客户资源。假如客户资源能保持稳步壮大的势头，公司将随着客户价值的上升而获得长足的发展。反之，如果客户资源不断流失，那么该公司的价值也将随着客户价值的下降而下降。

铁打的品牌，流水的客户。想要获得更多的客户价值，企业就要树立常备不懈的观念，以免错过商机、损失客户。谷歌与雅虎的浮沉就是很有代表性的例子。

那一年，美国斯坦福大学的学生拉里·佩奇与谢尔盖·布卢姆雄心勃勃地想在互联网行业大展宏图。他们曾经找IT业著名的雅虎公司寻求投资，但雅虎老总杨致远拒绝了他们。

谁知多年以后，雅虎仅剩下370亿美元的市值，靠着阿里巴巴15%的股份才得以勉强支撑。据雅虎在2016年2月2日发布的2015年财年第四季度财务报告显示，公司在该季度净亏损44.35亿美元，业绩远远不及上年同期的盈利1.66亿美元。这导致雅虎不得不大规模裁员。而当年被雅虎拒绝的那个创业公司，已经发展为全球搜索引擎领域的巨人——谷歌公司。

其实，雅虎与谷歌都是最早研发搜索引擎的那一批互联网企业。但雅虎落后的发展观念不仅使它错失了谷歌这个潜在的优质合作伙伴，还造成了客户价值的大幅度缩水。

雅虎一直把互联网简单理解为新闻媒体的网络化，传统行业的延伸。因此，雅虎把主要注意力放在门户网站经营上。谷歌没有跟风去做门户网站，而是聚焦于搜索引擎的研发。也就是说，谷歌在一个新的维度上开辟了自己的道路。自从谷歌占据国际搜索引擎王者地位后，擅长制作门户网站的雅虎彻底丧失了竞争优势。

作为最早进入中国的互联网巨头之一，雅虎搜索也曾经在中国市场风光无限。2004年3月至2005年8月，当时周鸿祎还是雅虎中国总裁，他推出了一搜网、1G免费邮箱等互联网业务，还让雅虎搜索超过了谷歌排在第二位，让雅虎邮箱业务超过了网易排名第二，就连雅虎通的粉丝也过了千万。可后来雅虎对搜索业务的重视不足，周鸿祎离开雅虎创立了360公司。从此以后，雅虎走了下坡路，把自己品牌价值与客户资源折腾得一干二净。

谷歌的脱颖而出靠的是对目标客户上网习惯的深入了解，以及简约主义的产品设计方针。

谷歌从成立之初就奉行简约主义理念，用户不会在谷歌的页面上看到多余的功能键。网页的每项功能都要接受严格的测试，只有通过了高级搜索页面和公司内部评分系统的测试，新功能项目才能放上谷歌主页。

此举与其他竞争者不同，谷歌并不追求增加搜索结果的显示条数。在普通人印象中，上网查资料的人，应该希望找到尽可能多的资料，网页显示的搜索条数越多越好。但是，谷歌却从市场调研中发现，显示的搜索结果并不是越多越好。因此，谷歌抛弃了传统观念，把每页显示的搜索结果确定为十个，让搜索页面看着相对简洁。

世界上的搜索引擎有很多种，但能保持搜索页面简洁风格的只有谷歌。

近乎执着的简约设计，并未让目标客户们觉得返璞归真的谷歌网不够人性化。因为谷歌会设计一些别出心裁的标识，给简约主义风格添加几分趣味。谷歌主页每天都要接待数百万计用户的访问。他们有时候并不是真想搜索什么信息，而是想看看今天谷歌的标识又变成什么新奇的样子了。

简约主义的设计，大大方便了谷歌的用户，也令谷歌的业绩水涨船高。但坚持简约主义并不是件容易的事，特别是在消费者热衷追求鲜明个性，广告宣传纷纷标新立异博眼球的大背景下，谷歌的坚持并不简单。

值得注意的是，简约主义不等于简单主义。简约思维的本质是删繁就简、突出核心，而非功能不全的简单。

主页上的很多元素都是可有可无的装饰物，可以大刀阔斧地精简。然而，某些内容至关重要，最好不要轻举妄动，特别是那些最能体现品牌个性的内容，哪怕只是一个小元素，也要保留下来。强干弱枝、返璞归真、去除多余、保留精髓，这便是谷歌的简约思维。

谷歌执行简约主义的做法，也不是没遇到过非议。而且，最大的压力并非来自同行的竞争，而是来自许多目标客户的反馈意见。

每一回收集反馈意见，谷歌的用户们都纷纷表示：希望能在页面上显示更多的搜索结果。因为用户们觉得搜索结果多，才能体现谷歌强大的搜索功能。

然而，谷歌却我行我素，坚决不给用户们提供更多选择。这似乎背离了互联网思维“以用户为中心”的精神。然而，谷歌的执拗恰恰符合了互联网之简约思维的逻辑。

如果要在主页上显示更多的搜索结果，网页必须花费更多的加载时间。如此一来，反而会降低搜索的速度，从而降低搜索效率。降低搜索效率是用户体验中最不能容忍的问题。这是谷歌技术人员经过大数据分析之后得出的结论。可是，大多数用户并没意识到这点，只是凭着主观感受提出相反的意见。

那么问题来了，该相信谁呢？是用户基于直观印象的反馈意见，还是同样由用户产生的数据？

如果选择前者，谷歌也许会跟其他搜索引擎一样得到更多好评，但也失去了简约主义这个传家宝。最终，谷歌依然恪守自己的传统。他们相信：每个页面上显示十个搜索结果就是最优化的做法。这种基于大量数据实验产生的研究结论，远比广大客户的主观臆断更切合实际。

所以，谷歌无视反对声音，将简约主义贯彻到底。一切都是为了满足目标客户实际的需求，而不是他们自认为有必要但实则没有意义的需求。

这个做法是从更高的层次契合“以用户为中心”的精准营销理念。这样一来，谷歌产品对客户的吸引力自然是有增无减，客户价值也水涨船高。

雅虎失败的直接原因是产品没有跟上互联网的更新升级潮流，由此导致了原有客户资源的锐减。客户价值的缩水让公司价值无法维持过去的光环，迟迟无法重整旗鼓。

谷歌的长盛不衰靠的是在搜索引擎领域特有的技术优势。就目前而言，没有哪个企业的搜索技术能比谷歌的更让互联网用户感到便捷。所以，谷歌的客户价值一直保持上升势头，凭借庞大的用户支持率，公司在全球市场的领先地位难以撼动。

这一反一正两个典型事例从不同角度表明了客户价值对公司发展的决定性影响。

在这个社会物质文化产品极大丰富的现代市场中，消费者的爱好也是在不断变化的。他们并不会像上一辈那样对某个过时的品牌产生过多的怀旧情结，而是追求更新、更好、更先进的产品。每一次互联网潮流的变动，都会造成大量消费者在不同的品牌之间大范围流动。有的企业将因此把其他竞争对手远远甩在身后，也有的企业会因为错判形势而变得一蹶不振。

因此，公司不光要找对目标客户，还要把维护客户价值放在战略发展的高度。唯有这样，才能避免客户价值缩水引发产品销量暴跌的恶性循环。

2. 做好客户分类，明确销售目标

客户分类的主要作用是圈定企业的目标客户，让销售工作更有针对性。销售人员应该根据性别、年龄、收入水平、交易地域、消费习惯等特征，将目标客户划分为不同属性的群体。细分客户群体是制定正确营销策略的前提，也是“一对一”精准营销的前提。假如不能做到这点，企业就无法向用户提供符合其需求的增值服务。

所以说，企业的销售目标应当以提高客户满意度为宗旨，以数据化零售的方式来增加销售成功率。

大数据工具为细分目标客户提供了极大的便利。只要即时采集客户在某个时间某个门店里消费某种产品等信息，就可以轻松收集各个零售网点的数据。企业也能借此自动生成该消费者的消费数据模型，从而推算出其今后的消费行为。在此基础上，企业可以通过分析数据来制定适用于不同层次客户的精准营销方案，让各类客户都享受到更人性化的增值服务。

由于不同市场受众的消费能力有着很大的差异，哪怕是同一个目标客户群体也可以按照消费能力分为四个等级。

第一类是大客户，也称VIP客户。

大客户的数量十分稀少，有可能只占全部客户资源的1%左右，却是公司的主要利润来源之一。有时候连“之一”都可以省略。这类客户往往拥有强大的消费能力，而且消费兴趣也高于其他客户。凡是企业新推出的产品，都会被他们迅速抢购。

也就是说，企业可以围绕VIP客户的需求打造一个庞大的产品家族，收到大量订单。一年下来，单个VIP客户为公司带来的交易额可能超过成百上千的小客户交易额的总和。企业每失去一个顶尖的大客户，就会减少很多收入。

第二类是仅次于大客户的主要客户。

主要客户与大客户的区别在于他们的消费能力与品牌忠诚度比大客户低一个档次。虽然经常买企业出的新产品，但未必会样样不落。他们对企业产品和服务的需求量也很大，但依赖性不如大客户，全年消费水平仅次于第一梯队。

所以，对于销售人员来说，这类客户也是销售业绩的重要来源。假如主要客户流失过多的话，企业经营状况很快就会出问题。按照帕累托定律，对企业利润率做出80%贡献的大客户与主要客户大体占公司所有客户资源的20%。

第三类是普通客户。

普通客户的消费能力有限，消费欲望也不强，对企业品牌的忠诚度也一般。这类客户更喜欢货比三家，而不像大客户与主要客户那样认定某个品牌。他们可能会成为某个品牌的回头客，也可能被其他品牌吸引。普通客户的数量十分庞大，在所有客户资源中占据了最大的比例。

为企业贡献20%利润的那些80%的客户，绝大部分都是普通客户。尽管为企业创造的价值不多，但普通客户相当于主要客户甚至大客户的蓄水池。假如精心经营，普通客户的消费能力与品牌忠诚度会不断提升，在未来有可能变为企业品牌的核心客户。所以，商家都会想办法从竞争对手那里拉到更多的普通客户，以扩大自己的利润源。

第四类是小客户。

这里说的小客户并不是指年龄小，而是消费水平极低，基本上只是一次性交易的过客。比如，风景名胜区的外地游客大多数都不是回头客，很少会定期来同一个地方旅游，可以定性为小客户。

这类客户的数量也许不少，但他们对企业的产品和服务的需求远不如前三种客户那么稳定，对销售业绩的贡献率也是最低的。所以，很多企业对小客户的维护并不太上心。

无论企业的客户规模有多大，基本上都会分为这四个基本类型。当企业的客户资源越多时，四类客户的绝对值也会增加。企业的销售业绩会随着客户数量上升而有所增长，但与此同时，企业维护客户关系的成本也将不断上升。

经过客户分类后，企业销售的重点和对各类客户的经营策略就明白如画了。

众所周知，企业的发展壮大是通过挖掘新客户来实现的。完成市场细分调查后，企业会选择其中一部分具有共同消费偏好和消费需求的群体作为目标客户，而其他人都属于潜在客户。

把潜在客户发展成新客户，是每一个企业的共同愿望。但企业应当明确什么样的人适合成为自己的新客户，哪些新客户比较容易挖掘，哪些新客户比较难以挖掘。企业的人力、财力、物力毕竟有限，在以快制胜的互联网经济时代不能不尽最大限度的努力来提高效率。

据市场营销专家称，绝大部分的促销费用都会打水漂，能获得5%以上回应率的促销活动，仅仅有十分之一。也就是说，传统的拉大网捕鱼的大众化营销模式很难为企业提供更多的新客户资源。

可见，紧紧围绕目标客户特点而展开的个性化营销，成为挖掘新客户的关键。这恰恰需要企业坚持销售数据化的道路，建立“客户反应”预测模型，再根据模型来找出可能对自己感兴趣的潜在消费者，从而挖掘出更多新客户。

在互联网经济中，企业与客户之间是一种长期稳定且不断深入的互动关系。简单来说，就是培养自己的铁杆粉丝。若想做到这点，就必须运用多种方式和渠道来保持双方的互动。销售数据化可以帮企业分析出最匹配目标客户的销售及服务方式。这将使得双方的互动更具有“一对一”的精准度。

在线CRM（客户关系管理系统）可以根据综合数据库里的客户信息，特别是该客户之前的交易信息来建立其个人消费模型，推算其下一次消费行为。数据挖掘技术根据这种消费行为模式，自动从各种营销方案筛选最优、最合理的个性化精准营销方案。

一方面，销售数据化可以从销售频率较高的商品组合，挖掘出具有此类购买偏好的目标客户，告知他们还有哪些同类产品是“被忽略的”；另一方面，也能对每个目标客户主动推荐对应的系列产品组合。

随着市场竞争日趋白热化，企业挖掘新客户的成本越来越高。对于大部分企业而言，挖掘新客户的成本远远超过维护一位老客户的成本。因此，对现有客户进行“精耕细作”的增值服务，提高他们的品牌忠诚度，已成为大部分企业的共识。

为了避免老客户流失到竞争对手那边，企业更需要借助在线CRM工具来建立客户综合数据库。通过数据中心来分析客户流失的主要原因是什么，然后生成客户流失模型作为预警的参照物。当数据中心预测某位现有客户出现流失征兆时，企业可以根据数据中心的反馈意见及时加大对其个性化增值服务的投入。

总之，互联网经济环境下的消费者行为越来越复杂，用户需求也变得更加多元化和个性化。“以用户为本”的新型销售观念，要求企业应当满足各种不同层次的目标客户的个性化需求。

这就需要企业将零售数据化，及时预测客户的消费行为与产品需求量，不断提高商品的“现货率”（单位时间内某商品库存的比例），让广大客户都能从更便捷的渠道买到自己想要的东西。

3．强强联合也是有风险的

当企业发展到一定规模时，产品销量的增长速度就会放缓。其中一个原因是企业自身实力不足以消化更多的市场需求。

为了脱胎换骨，企业会选择实力强劲的合作商来帮自己提高产品研发能力、优化产品供应链、铺设更广阔的销售渠道、进入新的目标市场。这些合作商与企业互为对方的客户，一方面以自己的业务专长提升彼此的销售能力，另一方面共同分享产品利润。

在选择合作客户时，企业决策者总是倾向于和已经成名的著名企业开展合作。这些企业本身在品牌影响力、销售渠道、产品研发、售后服务、宣传推广等环节高度成熟。在通常情况下，企业不用担心他们会拖后腿，而且他们有足够的能力帮企业完成全面升级。

如今，跨界整合是市场一大潮流，所以企业联盟不再局限于同一行业的上下游单位，跨行业合作的异业联盟在国内外都不罕见。这种跨行业联盟可以分为四种基本类型：

一是以小傍大型，即小公司寻找不同行业的大公司作为合作伙伴。小公司通过捆绑大公司的品牌影响力与营销渠道来迅速提升销售业绩。大公司则借助小公司的独特优势开发细分市场中的客户资源。

二是强强联合型，即不同行业的知名品牌企业组成了战略联盟。双方共享对方的服务平台、销售渠道、客户资源。比如，TCL集团与农夫山泉合作，农夫山泉的产品能在所有的TCL卖场进行免费形象展示，TCL冰箱则成了农夫山泉饮料的专用平台。

三是单向得利型，合作双方只有一方得利，另一方亏本。创维健康彩电与中国太平洋保险在2001年推出“购创维健康电视，送十亿元健康保险”的营销活动，但效果不佳。

四是互扯后腿型，由于种种原因合作各方落得个共输的下场，最终不欢而散。

在这四种合作模式中，强强联合无疑是最理想的。但在复杂多变的市场竞争中，1+1可能等于2，可能大于2，也可能小于2。知名品牌企业搞强强联合，不一定就能扩大产品销量，同样可能存在失败的风险。

2008年，诺基亚为了开发智能手机，收购了当时炙手可热的智能手机操作系统研发商塞班公司。

这个选择并不出人意料，因为在2006年时，全世界已经有一亿部手机装有塞班的操作系统。因此历来重视产品研发的诺基亚，把垄断塞班的技术作为未来的核心竞争力。按理说，诺基亚收购塞班是强强联合，但事实证明这个决策是错误的。

乔布斯领导的苹果公司在移动智能终端领域打出了iPhone这张王牌。iPhone在世界各国的惊人销量，让正为独占塞班系统而沾沾自喜的诺基亚大吃一惊。

诺基亚奋起直追，但决策层错误地沿用了过时的塞班系统，没有选择后来更受市场欢迎的安卓系统，错过了强强联合的机遇，拉大了与苹果公司之间的差距。

诺基亚试图通过收购高科技公司的方式来重新打造自己的智能手机生态系统，当初收购塞班公司也正是为了借用其成熟的操作系统研发技术。可惜的是，诺基亚花巨资收购的对象——德国地图软件公司Gate5与美国数字音乐专业服务商，都不像安卓那样具备调整苹果手机操作系统的技术优势。诺基亚反超苹果的意图完全落空。

为了与苹果公司展开全面竞争，诺基亚任命出身微软的埃洛普担任新的首席执行官。埃洛普把希望寄托于老东家微软的Windows系统。遗憾的是，微软虽然名声在外，却并不是移动互联网浪潮的弄潮儿，同样被苹果公司赶下了IT行业领军企业的宝座。

比尔·盖茨打造的微软帝国，一直是成功品牌的代表。微软在互联网行业中曾是当之无愧的领军企业。比尔·盖茨不断颠覆自己的创新精神与追求时刻领先的忧患意识，曾经是无数企业效法的榜样。直到今天，微软的PC操作系统与办公软件系统依然是大家使用最多的IT产品。

但在移动智能终端市场，微软被苹果等公司完全甩到了身后。

当初，苹果刚推出iPhone时，微软抱之以嘲讽。微软高层认为iPhone不可能在市场中受到欢迎。微软依然沉溺于Windows与Office带来的历史优势中，对新兴技术的关注度不够。虽然微软的产品依然畅销全世界，但无法达到iPhone那样的受欢迎程度。

比起专注于研发手机的诺基亚，微软原本有更多的机会把握住智能手机与平板电脑的市场主动权。

事实上，全球第一台平板电脑恰恰是由微软设计制造的。微软试图用Windows系统打通传统PC与平板电脑。为了完成这个战略目标，微软先后与惠普、东芝、三星等实力雄厚的高科技公司合作。

可惜的是，微软研发平板电脑的思路，没有摆脱PC产品的条条框框。苹果公司推出的iPad另辟蹊径，将平板电脑设计成不同于PC的智能终端产品。这使得微软在平板电脑市场上被苹果彻底击败。

追根溯源，微软在移动互联网领域原本也是一位先行者。微软发布Windows Mobile 2003时，是在2003年。而苹果引以为傲的iPhone系列，是在2007年才登场。对于瞬息万变的互联网经济而言，四年足以形成天壤之别。

然而，微软却没能把握住先发优势。无论是Windows Mobile 系列，还是Windows Phone系列，市场反响都十分平淡。例如，被微软寄予厚望的革新之作Windows Phone 8，仅仅获得了2%的市场份额。

直到此刻，微软还在追赶苹果的路上苦苦探索，收购诺基亚的全部手机业务，也是微软进军移动互联网产业的重要举措。

而当初诺基亚面对苹果的挑战，一而再，再而三地判断失误。先是错估了智能手机的行情，没有认真评估iPhone的技术创新带来的巨大市场影响力，而是将未来赌在了塞班系统上。

在市场受挫后，诺基亚的第二反应本来挺快的，果断舍弃了不符合时代需求的塞班系统。但它没有找对合作对象，未能意识到安卓系统的市场价值，而是把复兴的希望寄托在微软Windows系统上。

要知道，微软自己的Windows Mobile与Windows Phone 8尚且不受用户欢迎，更不可能将诺基亚的智能手机带出困境。

上述案例虽然讲述的是失败的强强联合，但强强联合并不必然导致失败。毫无疑问，实力雄厚的大公司自然是优质客户，合作价值通常比较大，但商业合作就像输血，需要先配血型。假如属性不合，价值再大的客户也等于是没价值，强行合作只能导致对方单向得利或双方互扯后腿的不利局面。

管理咨询专家朱振锴指出："品牌是企业最核心的资产之一，异业联盟的品牌之间需要的是同一个层级。在资源整合、经营理念、品牌相互认同上都需要有比较高的契合度。只有在这个基础上才能形成良性的合作。”

由此可见，客户并不是越多越好，也不是业绩越大的就越值得合作，关键还是要跟自己的情况相匹配。只有能力互补才能让公司和客户实现密切协作与资源共享。

从这个角度来看，最合适的客户才是合作价值最大的客户。与其盲目追求以小傍大或强强联合，不如一开始就选择品牌同层级的客户进行合作。这样才能让公司共享对方的资源、渠道以及市场，让销售业绩上升一个台阶。

4. 再微不足道的客户也能聚沙成塔

根据帕累托定律，企业80%的收益来自20%的重要客户，而剩下80%的客户只能给企业贡献20%的利润。所以，许多公司都重点经营少数重要客户，对80%的客户比较轻视。哪怕后者提出某些个性消费需求，公司通常都会以市场回报率低下为由来拒绝这些小众需求。

站在企业的角度看，这是高效率的销售方针。但站在消费者的角度看，这恰恰表明大多数客户的消费需求没有得到充分满足。

然而，互联网时代的营销理论产生了新的变化。尽管帕累托定律依然在多个领域发挥着重要作用，但为80%的小众需求说话的长尾理论正在颠覆人们的传统认知。

2004年，美国《连线》杂志主编克里斯・安德森从Ecast网站CEO范・阿迪布那里听到了一个有趣的观点。

范・阿迪布统计数字音乐点唱记录时意外发现，普通听众的口味并非完全统一于主流，而是非常多元化。他们不但喜欢2%的主流音乐，也对98%的非热门音乐很感兴趣。假如能把无数非热门音乐需求集合起来，就可以组合成一个巨大的潜在市场。而且，这个市场甚至有望超过那2%的主流音乐市场。范·阿迪布把这个发现称为“98法则”。

在范·阿迪布的启发下，克里斯·安德森特意研究了美国当时的互联网公司与沃尔玛等传统零售商的数据。经过大量数据分析后，他在以“数量”为竖轴、“品种”为横轴的二维坐标上，观察到一条需求曲线。这条需求曲线在坐标上好似拖着一条长尾巴，向横轴（品种）尽头延伸。

故而安德森将其命名为“长尾”，并在《连线》杂志上发表专文。

《长尾》一文很快引起了社会各界的热议。安德森又花了两年时间，在2006年完成了商界畅销书——《长尾理论》。

在安德森看来，只要产品的宣传流通够宽，生产成本下降到可以由个人来生产，并且产品售价大幅度降低，那么几乎所有看似市场需求极少的产品都会有人购买。尽管这些小众产品的需求与销量都不高（比如那98%的非热门音乐），但无数小众产品共同占据的市场份额，足以与主流产品的市场份额相媲美，甚至有过之而无不及。

换言之，只要能将80%的小众产品整合起来，就可以形成与20%的名牌产品同样的销售业绩——80%的利润。这就是颠覆帕累托定律的长尾经济理论。

长尾经济理论的出现，为人们打开了新世界的大门。在互联网经济正式出现前，人们依然相信帕累托定律是放之四海而皆准的铁则。按照传统思维，企业只需寻找本行业中代表主流市场需求的那20%的目标客户，就能获得80%的利润。代表小众市场需求的那80%的目标客户，开发成本很高，合作价值也不大，故而基本上只能被那些“主流客户”代表。

因此，以前的消费者只能得到大众化的主流产品，无法以大众产品的价格来满足自己的个性化小众需求。

经过数十年甚至数百年积累，传统行业中的优质资源与主要营销渠道都被各大领军企业所瓜分。它们具有中小企业与初创企业所没有的先天优势。粗略地说，每个行业80%的利润都被少数几个巨头所垄断，其他绝大部分企业只能围绕剩下的20%利润激烈竞争，而无力挑战行业巨头。

开拓由无数小价值客户构成的长尾市场，远比挖掘由少量大价值客户构成的短尾市场更为复杂，需要投入更多的精力与更昂贵的成本。这是因为小众需求的类型数不胜数，市场分布极度零散。

不过，这个局面正在被颠覆。价值再微不足道的小客户，也可以聚沙成塔。长尾经济更多用于中小企业，但也有大公司通过长尾经济成长为行业领军企业的情况。比如，以互联网广告和搜索引擎称雄全球的谷歌公司。

主打搜索引擎的谷歌公司，几乎没有什么特别的大客户。它的主要收入来源是那些被广告商同行所忽略的中小型网站，甚至个人。普通广告商认为这群人能带来的利润微不足道，故而将其当作可有可无的无用资源。

谷歌却另辟蹊径，为这些长尾市场的客户提供个性化广告定制服务。通过聚沙成塔，谷歌将无数中小客户组建成了一个庞大的循环经济体系。如此一来，谷歌用互联网经济的新商业模式，几乎把所有的冷门产品都推荐到广大消费者面前。此举涵盖了多种多样的个性化需求，从而让冷门产品在茫茫人海中寻觅到自己的忠实粉丝团。

全球每天使用谷歌搜索的用户数以亿计。由此产生了巨大的流量。而谷歌打出的大小广告，每天都会被无数用户看见。由这些中小企业广告费所累积起来的利润十分惊人。那些在传统渠道需求不旺盛或销路不佳的小众产品，完全可以通过互联网广告平台，找到自己的受众。

互联网经济时代是一个弘扬个性化的时代。工业时代千篇一律的审美，早已成为过去。而崇尚个性化的时代风气，恰恰说明当今的市场已经从大众市场逐渐划分为无数细分的小众市场。

在传统的市场格局中，传统行业巨头掌握20%的优质客户，其他企业追求80%的普通客户。在互联网经济时代，传统行业巨头依然掌握20%的优质客户，而以电子商务为主要营销渠道的中小企业也还是追求80%的普通客户。

可见，长尾经济追求的目标市场没变，仍然是大多数普通客户。不同的是，互联网颠覆了传统商业模式，真正解放了长尾经济的巨大潜力。

互联网让市场调查与销售服务的方式发生了根本变化。每个登录互联网的人，都可以充分表达自己的爱好与需求。这使得企业可以从中了解到更详细的用户需求信息。特别是大数据、云计算等新兴互联网工具，使得企业能够精确地挖掘出每一位目标客户的潜在需求，并将数以万计的小众需求汇集起来，计算出最优化的营销组合与服务方式。

而智能化柔性生产线的出现，降低了个性化产品的生产成本。发达的物流配送网络，能以最高的效率与最低的成本来运输积少成多的小众产品。

正如长尾理论所预言的那样，互联网经济拓宽了传播营销渠道，又大幅度降低了成本。互联网的聚焦作用，可以把散落在各个地方的无数个小价值客户凝聚成一个社群圈子。这使得广大中小企业有能力实践长尾经济理论。

需要注意的是，有些企业对长尾理论的认识存在误区，导致自己错过了与大价值客户合作的机会，又没能经营好小价值客户。

《移动互联网时代电子商务中的“长尾”现象分析》一文指出：“长尾理论被认为是对传统的帕累托定律的彻底叛逆。长尾理论则关注蓝色的长尾巴，认为这部分积少成多，可以积累成足够大、甚至超过红色部分的市场份额。但也有很多失败者并没有真正理解长尾理论的实现条件。长尾理论中统计的是销量，并非利润。这其中成本是最关键的因素，降低单品销售成本，甚至做到零库存，降低门槛，创造小额消费者。”

由此可见，玩转长尾经济的根本还是控制成本，并设法把小额消费者

（即小价值客户）聚拢在一起。

虽然帕累托定律依然发挥着作用，但随着市场越来越细化，长尾经济将在各个领域遍地开花。所以，企业和销售人员不能过于忽略那些看起来价值很小但数量庞大的客户群体。再微不足道的小客户，也可能成长为大客户。况且，无数小客户聚沙成塔而组成的长尾市场，也是提高销售业绩的潜力所在。

第六章　经营客户时要注意哪些问题

销售就是找对人，找对人就是选对人。在经过充分的市场调查与客户价值评估之后，销售人员应当从中筛选出最合适的客户资源进行开发。有些客户的消费能力强、产品需求量大，但他们并不认同企业的品牌文化。这样的客户看似合作价值大，其实对企业发展没多少益处。

企业品牌的塑造是一个渐进的过程。在这个过程中，企业的目标市场受众可能会发生相应的变化，从产品的设计与生产到销售推广和配送服务等环节都会随之调整。没有哪个公司不想要更多的优质客户，但理论上优质客户不一定与你合拍。所以，企业想要发展壮大的话，不光要选择适合自身情况的经营策略，也应该选择与公司发展战略相匹配的客户，将其作为经营重点。

销售人员应该贯彻大客户优先原则，设法提高这些优质客户的品牌忠诚度，以巩固公司的经济命脉。此外，销售人员在开拓新客户的时候不能忽略优质老客户。相对于新客户，优质老客户才是销售业绩的主要贡献者。那种片面追求增加新客户数量而不注意优化客户结构的短视做法，会导致老客户流失。到那时，销售人员非但没有开辟新的利润增长点，反而丢掉了原有的主要利润源，得不偿失。

所有的公司都会遇到一些不良客户。这些不良客户会动摇企业的产品价格体系与营销渠道，给公司带来大小难料的损失。想要搞好销售工作，就应当经常淘汰不良客户，保持目标客户资源的健康有序发展。

1．选出与公司发展战略相匹配的客户

面对满桌的美味佳肴，你能吃下多少，一取决于胃口，二取决于牙口。胃口够大才能吃更多饭菜，眼饥肚饱的人只能看别人狼吞虎咽。光有好胃口而没有好牙，同样会错过很多好吃的。做销售也是同样道理。虽然市场需求很大，有挖掘潜力的目标客户很多，但能开发多少客户资源，取决于公司的“胃口”和“牙口”。那些价值最大的目标客户，往往也没多少公司能满足他们的需求，很难与之发生业务联系。

目标客户的价值越大，开发难度与成本投入也越高，可能带来高回报，但也隐藏着高风险。

最重要的是，企业自身是否具备相应的实力提供大客户所需的产品和服务。如果力有不逮的话，强行开发大客户只会让公司背上沉重的负担。接下高额订单，却没有足够的市场需求消化能力，就好比给饱肚的人强行加饭，迟早由于太撑而全吐出来。

由于经营大客户存在天然的门槛，这也使得许多企业知难而退，选择其他的中小客户资源进行开发。不要觉得这是吃了大亏，因为这种做法比不自量力地开发大客户更加划算。

为了得到价值最高的大客户，实力强劲的知名企业会进行激烈的竞争。这种市场竞争的激烈程度往往不是中小企业所能承受的。与其冒险被卷入竞争的漩涡，不如选择更适合自己的目标客户为主攻方向。通过错位竞争策略，公司可以找到市场盲点，以较低的风险来争取更稳定的收益。这些目标客户带来的收益固然不如一流大客户，但对于公司而言，足以维系持续发展。

有多少胃口吃多少饭，身体才健康。有多大能力就经营多少客户，企业发展才顺畅。因此，聪明的决策者总是选择与公司发展战略相匹配的目标客户，从而把收益与风险控制在一个比较合理的水平。尤其是在那些相对饱和的市场环境，这种销售策略可以让公司获得更高的发展效率。

我国每年约有两千万新增人口。专家估计母婴市场这块蛋糕在未来将达到两万亿元的惊人规模。有一些业内人士甚至声称：母婴行业可能诞生一个十亿美元的创业公司。只要我国还没进入人口零增长的老龄化社会，母婴市场的规模只会继续扩大。

然而，市场广阔不代表生意好做。天猫、京东、一号店等电子商务巨头已经开辟了专门的母婴频道，瓜分了80%以上的母婴B2C市场份额。而乐友、摇篮网、妈妈网等传统母婴企业，也把持着母婴网上社区的入口，借助社会化媒体的力量来进军母婴电子商务。

面对几乎变成“红海”（指竞争激烈的已知市场）的市场环境，贝贝网通过创新模式与增值服务闯出一条新的活路，在母婴垂直市场中赢得一席之地。

传统的垂直电子商务模式门槛低，企业只需要有团队和资本，就能轻松引入卖家。门槛低导致了众多企业蜂拥而入，母婴市场的产品同质化现象也因此变得十分严重。由于大家的产品本身没什么不同寻常之处，各公司最终是靠销售能力来争高低。

在过去，母婴企业竞争的重点是“比流量”与“拼价格”。这种市场竞争手段的本质是看谁的家底厚实，烧得起钱。然而，在价格战中习惯了低价的用户，不会再接受任何提价行为。就算价格战的胜利者能占据大部分市场份额，也无法挽回用户流失造成的损失。

此外，母婴行业的特殊性决定了市场对产品安全性的敏感度高。口碑传播的效应对母婴市场的营销要大于企业品牌的影响力。这使得许多母婴电子商务平台被淘汰。

贝贝网另辟蹊径，用分众模式取代了传统的垂直电子商务模式。两者之间最大的差异在于，分众模式采取的是目标客户细分的思维，产品永远跟着用户的需求走。这种精准营销的做法，不仅解决了货不对口造成的库存积压问题，还能让企业为用户妈妈提供更多人性化的增值服务。

贝贝网首先精确地锁定了主要目标客户群——25～34岁的年轻妈妈。她们占据了贝贝网用户的70%以上，无论是购物需求与消费能力都处于一个巅峰水平。贝贝网95%以上的订单，就是由这群年轻妈妈贡献的。

在细分目标客户之后，贝贝网不仅极力满足年轻妈妈们的刚性需求，还为她们提供了更多专用产品与专项服务。在分析了用户反馈数据后，贝贝网的产品从母婴用品延伸到了玩具、儿童用品等领域。企业可能根据用户的需要，向家居、日用等产品领域扩张。

据艾瑞网的最新母婴市场研究报告显示：尽管天猫、京东、一号店等大电商的母婴频道拥有母婴B2C市场份额的80%以上，但在垂直电子商务领域，贝贝网已经成了当前最大的独立母婴平台。

到目前为止，贝贝网的复购率达到了40%左右，60%以上的订单都是来自老客户，做到了交易生生不息。由此可见，精准的目标市场划分、专属产品与服务、互联网平台上的快速布局，可以让采用分众模式的中小型电子商务公司避开厮杀激烈的“红海”，实现较快的发展。

企业的发展具有周期性，在不同阶段对客户的要求不同。想要选出与公司发展战略相匹配的目标客户，不能不注意这一点。大体而言，企业在市场中的生命周期可以分为以下几个阶段：

一是进入期，即公司刚进入细分市场的阶段。

在本阶段，公司的营销渠道尚未建设完毕，产品还没打响名气，消费者的购买数量不多，订单量不大，产品库存积压较多，利润增长缓慢。如何渡过这个起步阶段的发展难关，决定着公司接下来的命运。

在这时候，公司的工作重心是选择合适的渠道客户，组建起营销渠道，控制库存，做好铺货。把营销渠道的框架建起来，企业才能借助经销商的力量接触各个零售终端网点，扩大产品对消费者的影响力。

二是成长期，即公司高速发展的阶段。

这时候的公司基本确定了营销渠道，市场覆盖面和供货能力也大大增强。而目标客户也熟悉了公司产品，逐渐形成稳定的消费群体与消费习惯。由于市场需求进入持续稳定增长阶段，公司应该把重点放在扩大销售业绩上，也就是扩大最终消费者的规模。

随着品牌影响力的增强，销售人员可以考虑逐步寻找一些大客户。本阶段的公司虽然还有很多有待提高的空间，但已经初步具备了开发大客户的能力。如果能成功与大客户签约，不仅能让公司获得更快的发展，还能带动对其他类型客户的销售。

三是成熟期，即公司市场份额达到饱和状态的阶段。

此时的公司各方面都非常完善，市场占有率和覆盖水平也达到了巅峰，难以再有所突破。公司品牌也在市场中有一定的影响力，但目标市场需求会从供不应求逐渐趋于饱和状态。挖掘潜力接近枯竭，增长速度出现较大滑坡。

在这个阶段，销售人员要保护好现有销售网点，还要注意加强与老客户的关系，特别是那些对公司营业收入贡献最多的大客户，公司必须努力保持与其密切的业务关系。

四是衰退期，即原有的产品和服务逐渐被取代的阶段。

消费者需求是多变的，怀旧情结终究难敌新鲜感，每一款产品都迟早要面对衰退期。进入衰退期后，早已高度饱和的市场对产品的需求量急剧下降，企业越来越难以完成销售目标。这时候，公司要么从其他客户群体中寻找新的利润增长点，要么用新产品来刺激老客户的新需求。

五是离开期，即企业选择退出相关市场的阶段。

当原有产品不再受消费者欢迎而新产品又迟迟打不开市场时，公司应该果断改变之前的营销渠道，放弃这个细分市场，采取大降价促销的形式来赚取最后一点利润。在这个阶段，公司会淘汰那些销售能力弱、管理水平低的渠道客户。真到这一步时，那个区域市场里基本上已经没什么值得公司挖掘的目标客户了。

2. 资源调配要贯彻大客户优先原则

从现有客户那里挖掘潜力是提升销售业绩的主要途径。不过，重点经营哪些客户是有讲究的。

不同市场受众的消费能力有着很大的差异，哪怕是同一品牌的受众也是如此。苹果的iPhone和iPad系列产品在全球都大受欢迎，甚至可以说这个知名品牌已经变成了一种身份的象征。

但苹果用户并不都是高收入人群，有些收入水平一般的消费者也会努力攒钱来购买新款iPhone。他们在苹果的目标客户中属于小客户，需求受限于支付能力，开发潜力较小。而那些高收入的目标客户有能力购买更多的相关产品，更容易被新产品刺激出新需求。

相比之下，从大客户身上挖潜，刺激他们进行更多消费，更容易取得好的效果。

日本新潟县的燕市，有一家叫“小林研业”的公司。这个公司的规模不大，厂房只有一百平方米，主营业务是金属加工品研磨，都是纯手工工艺。小林研业最初只是个家庭小作坊，后来因为接到了一位大客户的订单而成为世界顶尖级金属加工品研磨企业。这位大客户不是别人，正是前面提到的苹果公司。

2001年1月，苹果发售了世界上第一款以钛合金做外壳的电脑产品PowerBook G4。这种铁合金外壳的研发经过可谓一波三折。

苹果公司高层决定用铁合金这种较短材料来做新电脑的外壳。但美国当时的制造业缺乏足够的工艺水平来生产钛合金制品，故而美国铁合金协会否决了苹果公司的提议。于是，苹果公司的业务员到全球各个制造业强国寻找。日本强企神户制钢公司得知此事后向苹果公司推荐了东阳理工化学研究所。

最后苹果公司派了当时最高管理层的六人来日本洽谈业务，与东阳理工化学研究所共同研发了钛合金材质厚度仅0.4毫米的超薄钛合金笔记本。钛合金外壳被日本工匠用手工研磨得如镜子一般光亮，让苹果的产品变成了一件艺术品。在当时的日本，也只有小林研业一家公司能达到这种工艺要求。所以，在东阳理工化学研究所的推荐下，苹果决定把金属外壳研磨工作全部委托给小林研业。

为了提高工艺水平，小林研业下了很多功夫，保持了极高的良品率。由于该公司仅有五名工匠，每天最多也只能打磨出1800个左右的成品。这远远不能满足苹果公司的生产需求。而燕市其他公司的工艺水平不足以保证足够的良品率。因此，燕市研磨工会将分散的近20家手工作坊组建成了生产联盟，以小林研业为龙头，采用同样的工艺进行生产。2003年是燕市研磨生产联盟的鼎盛时期，每天可以打磨将近两万台iPod后盖，其手工打磨的iPod后盖的光泽度已经接近物理的极限。

随着苹果产品销量的不断增加，日本手工研磨企业的产能完全无法消耗越来越庞大的市场需求，而且劳动力成本上升让产品成本也跟着增加。这让苹果的销售压力与日俱增。

小林研业的工人通过严酷的训练才能掌握极致的手工技术，手工研磨的效率已经达到上限，而小林研业又不打算研制具有同等工艺水平的机器生产线。于是，苹果公司在2005年春天派人把小林研业工匠的整个研磨工艺流程一秒不漏地全部录制下来，成为苹果后来机器研磨批量生产的范本。小林研业失去了技术垄断优势，也结束了与苹果公司这个大客户的“蜜月期”，不复昔日辉煌。

小林研业的兴衰可以说是大客户价值的最佳诠释。小企业的资源有限，不容易吸引大客户，也缺乏市场掌控能力，想要有效扩张规模，就更应该把资源优先用于开发大客户方面。所以，小林研业接到苹果公司的业务时，把全部资源投入到苹果电脑外壳研磨工艺的研究工作。

待加工的苹果盖子仅有0.5毫米厚，对工人的手艺要求极高。而且金属加工件在摩擦生热后容易发生材质歪斜，在研磨过程中需要不断散热。苹果质检员会在某个规定亮度的荧光灯下左右倾斜盖子，只要反射的光有丝毫偏差，就被判断为不合格品。倘若十个成品中的合格品低于八个，就会被判为失格。

当时燕市的其他工匠都认为要花两个月左右才能研究出能够满足苹果苛刻要求的新工艺。但小林研业的工匠只用了五天就做到了这点。假如不是投入公司的全部资源来研究新工艺，小林研业恐怕一开始就无法拿下苹果这个大客户，也就不会一度获得远超从前的订单与利润。

大客户营销固然是一个有效的策略，但凡是有高收益的地方也存在高风险。

名不见经传的小林研业能吸引苹果公司凭借的是技术垄断优势。苹果在国内外其他知名企业中找不到能够满足自己工艺要求的合作对象，故而只能与小林研业进行合作。一旦有其他竞争者能以更低成本或更高产能达到接近小林研业的工艺水平，苹果公司自然会毫不犹豫地更换合作对象。这对苹果公司来说只有好处。

可是，小林研业过于依赖苹果这个大客户，将所有的产能都集中于加工苹果的零部件。这导致小林研业在与苹果公司结束合作后马上又回到了最初的经营规模，没能借此机会发展成真正的大型金属加工企业。

由此可见，资源优先投向大客户是有利也有弊的。有些企业虽然非常重视大客户，投入的力度也很可观，但没能得到相应的回报。这可能是由于陷入以下误区：

误区一：给大客户的优惠超出必要的度。

返利政策是企业笼络大客户的常用手段。不少决策者以为给大客户的优惠政策越多，大客户就会回报越多的利益，帮企业提高销售业绩与市场占有率。但物极必反，当大客户得到过多的优惠时，合作积极性反而会下降，把心思花在讨要更多优惠上。

误区二：对大客户的贡献能力认识不足。

不少企业虽然重视大客户，但并没意识到自己的主要利润来自少数大客户。用大客户来扩大市场影响力，以小客户来增加收益，是他们的营销思路。也就是说，这些企业认为大客户并不能给自己带来多少利润，只能用来提高产品销量。这个片面的认识影响了他们对大客户的经营。

其实，无论是一线城市的市场，还是二、三、四线城市的市场，大客户对市场的影响力都越来越大。各个品牌的绝大部分市场份额都来自大客户，数量繁多的中小客户反而只是占据了少量的市场份额。

误区三：把大客户当成中小客户来对待。

个人家庭的产品消费需求总是比单位的需求小得多。无论是卖汽车还是卖手机，小客户零售的利润总是不如单位大客户的团购来得高。但不少企业只是像对待中小客户那样对待大客户，没有注意到经营两类客户的方式存在差异。这就使得大客户的消费潜力没有被充分开发。

对此，企业应该设置专人或专门的机构负责与大客户进行沟通，让对方感受到我方的重视与尊敬。

误区四：为了大客户而舍弃其他客户。

这个误区与上一个误区截然相反。大客户营销是未来销售的一个趋势，但大客户永远只是少数。尽管大客户能带来大量订单，但数量更多的中小客户需求凝聚在一起，也可能做出不输给几个大客户的业绩贡献。那种为了集中力量维护大客户而设法清退中小客户的做法是一种杀鸡取卵的行为。

虽然企业应该把资源优先用于大客户，但同时也不能无视中小客户的需求。毕竟，谁也不确定今天的中小客户会不会在未来变成大客户。

3．与其开发潜力股，不如挽留核心客户

提升销售业绩的办法有千千万万，但本质上无非两个思路。第一个思路是努力让现有客户提高消费额度，购买更多的产品与服务。具体而言，就是刺激客户的消费欲望。第二个思路则是开发新客户，在不增加每位客户的平均消费额度的前提下扩展利润来源。公司的潜在客户越多，销售增长的潜力自然也就越大。

两种思路在商业活动中都十分常见，但哪个办法更有效，应该以哪个思路为主，就是另一个问题了。

营销专家认为：开发一位新客户的成本大致相当于维护一位老客户成本的2～6倍。换句话说，你在新客户身上投入的成本足够维护2～6位老客户。此外，美国前IBM全球服务和客户价值管理咨询总裁哈维·汤普森先生指出：当客户流失率减少到5%～10%的时候，就能为公司带来高达75%的额外利润增长。由此可见，比起开发新客户，加强与老客户之间合作关系更加高效省力。在企业资源有限的情况下，与其从潜在客户群体中寻觅新的潜力股，不如挽留现有的核心客户。

企业的核心客户不一定都是消费最多的大客户。同一产品的消费者往往

会借助社交媒体平台组成小圈子，相互交流产品使用经验与其他信息。在这些品牌产品用户小圈子里具有较大号召力的消费者就是企业的核心客户。

不同核心客户的消费能力存在较大差异，但相对于其他客户，他们往往具备三个共性：

第一，核心客户对企业产品的了解程度堪称行家。

核心客户都十分热爱企业产品。他们会主动搜集同类产品的资料，以便对企业产品有更深入的认识。也正因为如此，核心客户对产品的要求更高，挑剔程度远非普通客户可比。

对普通客户而言，核心客户是企业产品知识的专家，各种冷门知识的分享者。对企业的产品研发人员来说，核心客户的使用反馈意见是极为宝贵的信息。能让他们肯定的产品，必然会受到广大客户的欢迎。因此，核心客户的意见往往会对普通客户最终的购买决策产生举足轻重的影响。

第二，核心客户是企业与其他客户沟通的桥梁。

核心客户不仅为企业员工所熟悉，在广大普通客户中也颇有人望。假如企业发起客户酬谢活动的话，核心客户是最佳的活动组织者与召集者。每一个核心客户的朋友圈可能覆盖了各个年龄段、职业、地域、国籍的普通用户。这使得他们成为企业与其他客户之间的天然联络人。销售人员可以通过核心客户的推荐来迅速与新客户产生联系。

第三，核心客户可以成为企业的金牌推销员，帮企业传播正面形象。

优秀的销售人员对企业产品知识非常熟悉，而且善于与客户沟通。尽管如此，由于买卖双方存在先天的立场差异，客户总会对销售人员抱有几分本能的戒心，这增加了销售活动的难度。

相对而言，核心客户与普通客户都是买家，因立场一致而更容易建立信任机制。其实，大家在生活中都倾向于相信使用过同类产品的亲戚朋友的推荐，对销售人员的说辞难免有抵触与质疑。这个先天优势让核心客户能帮熟识的销售人员提高业绩，并协助企业树立正面的品牌形象。

正因为核心客户的能量巨大，企业才应该努力挽留他们。如果说客户资源如同一张渔网，那个小而精的核心客户群体就像渔网上的总绳（即所谓的“纲”）。只要抓住总绳（核心客户群），就能提起整张大网（广大普通客户）。

但这也意味着核心客户群与企业成为一损俱损、一荣俱荣的命运共同体。核心客户的流失对于企业来说，就和动脉大出血没什么两样，足以瓦解企业的整个营销渠道，让市场占有率不断下降。

挽留客户的难度不比发展新客户小。发展新客户的主要困难是如何取得对方信任，引发其消费兴趣。而维护资深核心客户需要更多的耐心，要让其觉得自己是企业品牌形象不可分割的一分子。为了实现这个目标，销售人员应该充分利用企业资源来继续打动老客户。

首先，学会从客户的角度看问题，不要只把核心客户当成提款机。

销售人员与核心客户的基本关系是卖方与买方，但这也仅仅是最基本关系。人们都是趋利避害的，但大家并不总是能做出最理性的决策。恰恰相反，广大消费者的很多消费行为并非深思熟虑的结果，而是出于某种情绪或情感。

所以，有头脑的销售人员总是会站在客户的角度来看问题，先与客户做朋友，然后再谈能够实现双赢的生意。由感情牌产生的信赖感会使得核心客户更倾向于优先与你做交易。

其次，联合其他部门保障核心客户获得优质的产品与服务。

产品与服务的水平决定了客户对公司的信任程度。销售人员不直接参与产品的设计与生产，无法在制造环节出多大力，但可以在售前谈判与售后服务两个方面下功夫。客户最讨厌的就是产品配送不及时以及产品本身质量规格不合要求。

所以，销售人员在公司正式发货前应该仔细检查，以免后续流程发生错乱。我们可以建立一个客户反馈机制，时刻关注客户对产品与服务的满意度与改进建议。销售人员与客户接触最多，代表着企业的整体形象。所以，销售人员一定要随时保持与核心客户的情感联络。

再次，为核心客户提供有价值的市场信息。

核心客户虽然有自己搜集信息的方式，但相对于庞大的业内市场情报网络，他们能了解的情况还是有限的。比起个人，企业在市场及行业调查方面有着更强的能力，能得到更多的信息。销售人员应当与核心客户共享一部分有价值的市场信息，让核心客户能随时了解产品的最新动态。

然后，销售人员应该针对不同的核心客户来提供个性化服务。

前面提到不同性格及消费能力的消费者，有着不同的需求与爱好。核心客户群的成员也是多种多样的，一刀切的服务方式再温柔也显得有些生硬。人性化服务是增强销售人员与客户情感纽带的最佳方式。只有这样，才能让客户们体验到合作时的愉快心情，强化其对企业品牌的认同感。

最后，销售人员应当与核心客户建立便捷的联系，确保能随时随地交流。

新媒体社交工具为销售人员加深与客户之间的羁绊打开了方便之门。以电子商务平台为基础的新媒体营销渠道，可以说是发现与维护核心客户的最佳途径。为此，无论是销售人员，还是销售团队，都应该借助社交媒体的力量来与核心客户保持深度互动。

只有像朋友一样平时坦诚交流，销售人员才能了解更多核心客户的真实想法，避免企业对客户的认知出现太多偏差。

维护核心客户是一项长期工作，企业应当注意两个基本点：

一是吸引核心客户的根本因素依然是产品品牌。

假如产品缺乏特色，销售人员再热情友善，核心客户也不会长期驻留。要知道，他们最初愿意支持你，就是因为喜欢你的产品、信任你的品牌。如果只是搞形式化的情感交流，而不真正根据客户的反馈意见完善产品，就会显得毫无诚意，必定会遭到核心客户反感。

二是要设法让核心客户愿意花时间来分享企业的营销内容。

通常来说，核心客户大多是产品发烧友，普通客户眼中的标杆。假如企业的产品与服务真能得到他们的青睐，他们肯定会经常分享与企业相关的内容，在互动中向其他普通客户宣传企业产品。这样一来，核心客户就自动成为企业开发新客户的重要助力。

4. 淘汰不良客户，除“杂草”才能保住财脉

企业的销售业绩主要取决于大客户。这里的大客户主要指营销渠道的合作商。小客户一般是以零售方式获得产品，大客户则是批量进货。因此，企业总是会重点扶持大客户，争取实现企商一体化。

企业扶持大客户的基本思路如下：

第一，分析大客户的经营理念与核心业务。

第二，利用现有营销渠道为大客户提供更多服务。

第三，当大客户开拓新市场或开发新产品时，公司提供相应的技术、设备、资金、人才等方面的支持。

第四，帮助大客户完善现有售后服务机制。

第五，对大客户的阶段性成果提供某种形式的奖励。

需要注意的是，大客户对企业销售的影响力是一把双刃剑。当大客户过于膨胀时，可能会提出不少无理要求，比如让企业提供更多促销费用、提高年终返利比例、无故延迟交付欠款等，通过这些方式来争夺营销渠道主导权。

大客户也有良莠之分，优质大客户俗称“真大户”，不良大客户俗称

“假大户”。

实际产品销售量大的是真大户。假大户看似销售量可观，但实际卖给消费者的产品并不多，而是通过库存转移或者跨区域串货等方式来虚造业绩。无论哪种客户，过于膨胀都是有害的。

真大户做大后容易出现反客为主的现象，假大户则会浪费许多企业资源，让整个营销渠道的风险增加。这就要求生产企业在必要的情况下打破现有渠道格局，剥夺不良大客户的特权，重新打造合理的销售渠道。否则，产品销售与公司运营都会出现重大危机。

因此，大客户关系管理包含了正反两个方面。正面是生产企业从合作的角度出发，为大客户注入更多力量，使之获得更强的市场竞争力。反面则是从制约的角度出发，避免不良大客户“反客为主”或虚报业绩。

想要管理好大客户，销售人员不光要注重感情联络，还应该高度重视大客户的信用问题。具体可以根据大客户单位的资信、财务状况、偿债记录来评定他们的信用等级。通常而言，人们主要从道德品质、还款能力、资本实力、抵押品、经营环境五个方面来审核大客户信用：

评估标准一：道德品质。

这个指标考察的是经销商是否具备努力履行偿还债务义务的职业道德。在很大程度上，企业应收账款的回收效率取决于经销商的配合情况。商业信用好的经销商为了履行契约，总会想办法兑现自己的付款承诺。许多“老赖”经销商并不是没有钱还款，而是利欲熏心，故意拖欠应付账款。从根本上说，主观上是否具备职业道德，是否遵守商业合同，是判断经销商信用等级水准的首要因素。

评估标准二：还款能力。

这个指标考察的是经销商是否具备按期还款的能力。有些经销商并不想恶意拖欠货款，但还款能力比较弱，于是只能评定为较低的信用等级。

最能体现经销商还款能力的因素有还款记录、管理手段、营销能力、涉足多少高风险项目等。有些经销商在前三个方面一贯表现良好，但最近投资了新的高风险项目，这就需要渠道管理者提高警惕，以免因经销商投资失败而受到拖累。

评估标准三：资本实力。

这个指标考察的是经销商的财务状况，包括负债比率、流动比率、速动比率、有形资产净值等细则。通常来说，经销商的资产负债率越高，信用等级就越低。所以，当经销商的资产多由贷款与欠款形成时，渠道管理者就应保持高度警惕。

评估标准四：抵押品。

抵押品是一种担保资产，常被经销商用来获取商业信用。在经销商的信用水平不明的情况下，企业一般会要求经销商提供一定价值的抵押品来确保信用。

评估标准五：经营环境。

经营环境指的是当时的经济大环境。经济环境不景气时，经销商的还款能力或多或少会受到影响。信用等级高的经销商还款可能不如过去那么及时，而缺乏职业道德或者经营不善的经销商则根本拿不出偿还债务的专款。所以，每到经济进入衰退期时，渠道管理者都应该把经销商的信用状况评估得更保守一些。

通过考核上述五个方面，大客户的信用情况基本上就能了解清楚了。接下来，我们可以将客户分为A、B、C三个基本信用等级，然后将每个等级再细化为三级。这样一来，公司所有客户就可以划分为九个信用等级。

一是AAA级客户，回款能力极强，发展势头最稳定，信用等级最高。

二是AA级客户，回款能力很强，发展势头比较稳定，仅次于AAA级客户。

三是A级客户，回款能力虽然比较强，但容易受经济下行、市场萧条等环境因素影响，不像前两者那么能抗风险。

四是BBB级客户，回款能力没什么大问题，但比A级客户更容易受大环境影响。

五是BB级客户，回款能力不太强，也容易被经济波动影响。

六是B级客户，回款能力差，但具备最起码的偿债能力。

七是CCC级客户，回款能力很差，有较大的不确定性，与之合作的风险较高。

八是CC级客户，回款能力更差，而且具有高投机性与高风险等特征。

九是C级客户，基本无力做到完全回款。

企业可以根据每位客户的信用等级来设定不同的信用额度，以达到奖励优质客户、淘汰不良客户的目的。

一般来说，企业授予客户的最高限额能达到15%。如果是信用等级最高的AAA级客户，也可以酌情将最高限额上调到其年度销售额的20%。

比如，某个公司制定的最高信用额度标准：AAA级客户为20%，AA级客户为15%，A级客户为10%，所有的信用额度都以六十天内回款为基准点。这是一个比较合理的信用额度制度。

但至于BB级以下的经销商，公司不提供信用额度比较妥当，以免增加自己的运营风险。

客户信用管理不光要看客户的经营情况，还得考虑本公司的财务状况。当公司财务状况良好时，可以适度放宽对客户的管控。但是，当公司处于财务困难时，更要严格控制运营风险，警惕大客户带来的任何负面影响。

通常而言，公司的资产与债务之间的比例应该保持在1.75：1以上，现金及应收账款与债务之间的比例要保持在1：1以上。这样才能确保公司运营和销售的安全。

在淘汰不良客户的同时，企业对信用等级高的客户也要内紧外松，时不时观察他们的财务状况，监督他们的交易活动。公司应该做到一年审核一次客户的信用状况，重要的大客户则应该半年审核一次。发现某位客户的交易金额超出约定的信用额度时，公司应当马上暂停发货。在确认对方经营不善时，则应该终止交易。公司要对批发给渠道客户的产品保留所有权，直到经销商偿付所有账款为止。

许多知名企业由于经营不善而破产，被不良客户拖累是其中一个重要原因，而他们自己也恰恰是其他公司的大客户。居安思危才能驶得万年船。

由此可见，建立大客户风险监控机制，及时清除不良大客户，才能避免他们成为公司的软肋。一旦发现不良大客户，公司必须选择合理的时机，快刀斩乱麻，避免销售渠道发生剧烈动荡。而且，在剥夺不良大客户特权之前，公司一定要先清空对方的库存并讨回欠款，以免不良客户用恶意抛售库存产品的手段扰乱整个市场。

第七章 如何让『对的人』愿意买你的东西

说服消费者购买你的产品，并不是一件轻松的事情。经过精心挑选的客户是否真能帮你提高销售业绩，好比是足球赛的临门一脚。毫不夸张地说，销售界的老兵油子也可能在这最后的关口落得个“走麦城”的下场。作为一名优秀的销售人员，在引导目标客户做决策时应当树立以下几个意识：

首先，我们不是在卖产品，而是在帮客户改变生活。换言之，从客户的角度出发，帮他们挑选能满足其实际需求的产品，而不是把公司的某款产品不分青红皂白地推荐给客户。

其次，要设法提起客户的兴趣。这就要求销售人员必须与客户产生共鸣，而不仅仅是跟风炒作热点。商家的一举一动都是在塑造自身的品牌形象，给目标客户群体带来令人心动的感触。当消费者的兴趣点得到充分满足时，他们就会做出更加大胆的购物决定。

再次，销售人员应当树立良好的商业信誉，让目标客户感到亲切可信。销售人员为了争取客户信赖，可以借助第三方的推荐来协助说服客户。因为人在潜意识里会觉得第三方的说法可信度更高。销售人员这样做可以使消费者放下对企业的戒心，更好地说服他们达成交易。

最后，有远见的企业并不追求自己控制一切，而是积极进行跨界整合，促进多方合作，用共建商业生态链的方式来占领更多的细分市场。唯有这样，才能把目标客户大规模转化为高忠诚度的粉丝客户。

1. 拜访引导决策，做好客户的“领路人”

拜访客户是销售人员的一个基本任务，也是销售人员与目标客户的主要沟通方式。这里的客户包括个体消费者、单位客户、合作商等不同类型。拜访客户的目的可以分为三种情况：

第一，与新客户洽谈业务，也就是卖产品、签订单。开拓新客户在销售中属于难度较大的业务。要说服此前不使用本公司产品的人改变自己的消费习惯，免不了要下一番功夫。

第二，询问老客户的反馈意见。销售人员的使命不光是卖产品，他们同时也是连接公司与目标客户的纽带。通过定期回访的方式与老客户们联络感情，是销售人员巩固客户关系、提高客户满意度的重要手段。

第三，处理交易中的纠纷。当客户提出投诉意见时，销售人员在必要的时候应该主动拜访，与之协商解决方案，平息他们对公司的不满。

无论是哪一种拜访，销售人员都必须具备足够的商务谈判能力，才能圆满完成客户拜访任务。

客户拜访流程包括拜访前、拜访中、拜访后三个阶段。通常而言，销售人员的主要拜访对象包括消费者、大客户单位的决策人、经销商、零售终端等。为了提高拜访成功率，销售人员应该在访问客户前做好以下准备：

首先，明确本次拜访的目的，列出需要与拜访对象商谈的问题。这就好比记者采访前要准备提问提纲一样，把基本问题梳理清楚，在临场谈判时才不至于跑题或出现遗漏。

其次，准备好近期的公司销售情况报告和其他客户所需的共享资料。这主要是针对政企单位客户和经销商之类的客户。这些客户与公司的交易规模往往比较大，销售人员需要通过展现公司实力来赢得签约机会。

再次，对准备拜访的客户的经济能力、性格作风、消费习惯、与公司的关系、可能提出的要求做个详细的调查，最起码应该有大致的了解。这样才能设计出更合理的谈判方案。

最后，与拜访对象约定见面的时间和地点，简要说明交谈内容。

进入正式拜访环节，销售人员跟客户讨论的内容应该紧扣三个基本点：

第一，双方应该就产品信息、售后服务以及其他相关情况进行友好交流。

这既是为了通过沟通来掌握目标客户眼下的发展状况，也是在调查对方对我方的期望。跟个体消费者交流时侧重产品和服务，与经销商交谈时侧重市场情况与销售方案。公司的渠道营销策略主要是根据经销商的销售活动来制定的。而摸清经销商的意图最直接的方式就是拜访他们。

第二，销售人员可以跟拜访对象聊一聊其他目标客户对企业产品的态度，以及竞争对手在目标市场中的表现。

对于个体消费者而言，可选择的品牌往往不止一种。想让他们选择本公司产品的关键是，告诉他们其他消费者对这些产品的好评，以及本公司产品与竞争对手产品的优缺点是什么。通过对比分析，让目标客户觉得选择我方产品更加划算，这是销售人员的核心工作。

对经销商也是如此。经销商往往代理不止一家生产企业的产品，而且对不同品牌的销售热情存在差异。所以，销售人员应该通过了解这些情况来判断经销商对产品销售的热情，以及阻碍销售业绩增长的主要因素。尽力说服他们提高本公司产品的铺货率。

第三，双方应该对当前产品销售工作中存在的问题进行洽谈，并商量出解决的办法。

解决问题是客户拜访活动的根本目的。销售人员不应该把拜访客户当成例行公事的“走过场”，而应该抱着帮客户排忧解难的想法去做这项工作，敷衍了事的态度只会让客户对自己和公司产生怨言。这样一来，不仅产品卖不出去，那些潜在客户也会因为这些客户的抱怨而退避三舍。

从本质上讲，拜访客户的过程就是一个商务谈判的过程。

商务谈判的基本流程包括谈判准备、制定策略、谈判开局、阐明观点、讨价还价、达成协议等环节。前两个环节在拜访前阶段，后几个环节则在拜访中阶段。其中最激烈的环节就是讨价还价，这里面有许多谈判技巧，在此暂不赘述。无论谈判过程有多么紧张、多么漫长，销售人员应该注意以下原则：

一是真诚友好原则，思路要清晰，说话态度要友好。

谈判者要掌握好说话的节奏，语气不能生硬，要紧扣讨论要点，让对方感受到我方的合作诚意与职业素养。

二是立场坚定原则，即坚持公司的原则和立场。

谈判就是一场公司与目标客户之间的利益博弈。谈判双方都会有自己的上策、中策、下策，在讨价还价过程中争取最大利益，直到合适的时机再适当妥协，引导对方做出有利于自己的决定。尽管成功的谈判少不了相互妥协，但要坚持本公司的核心利益，不能把主导权交给他人，只能在无伤大局的方面做出适当让步。

三是保守秘密原则，即不能轻易暴露自己的底线。

谈判底线是商业机密，而过早亮底牌是商务谈判大忌。当对方得知我方底线后，会趁势漫天要价，迫使我方做出更多让步。所以，销售人员在进行商务谈判时要注意保守商业机密，让对方无法刺探到自己的底牌。这样才能避免对方步步紧逼，签下不利于我方的协议。

四是倾听原则，耐心听对方完整地阐述他的意见，然后顺着对方的思路摸清他的真实想法。

在很多时候，耐心倾听比夸夸其谈更容易赢得对方的信任。销售人员滔滔不绝，等于是不给对方阐述己见的机会。这是一种非常不礼貌的傲慢行为，很容易激怒目标客户，造成谈判破裂。商务谈判的本质不是争强好胜，而是找到双方都能接受的利益平衡点，从而形成合作共赢格局。因此，销售人员应该注意倾听客户的心声，找出他们能够接受的方案。这样才能提高商务谈判的成功率。

在客户拜访过程中，最考验销售人员能力的是客户投诉。如果投诉得到妥善处理，就能挽回公司在目标客户心中的形象。假如处置不当，客户不仅会放弃本公司的产品，还会传播关于公司的负面评价。

客户投诉可以分为求助性投诉、咨询性投诉、发泄性投诉等不同类型。销售人员可以根据投诉类型的差异找到相应的对策。

比如，求助性投诉和咨询性投诉并不具备对抗性，客户的动机是希望销售人员提供有效的帮助。做出发泄性投诉的客户对公司怀着强烈的敌意，他们的动机往往是补偿自己的利益损失，比如换货、退货、赔钱等。

对于前两种投诉，销售人员要做的就是热情解答、积极帮助，这样就能很快取得客户的信任。对于发泄性投诉，销售人员应当保持良好的修养，先安抚客户的不满情绪，再公正合理地处理问题。假如确实是产品和服务存在缺陷，销售人员应当真诚致歉并予以相应的利益补偿。假如产品和服务本身没什么问题，销售人员也不宜与客户针锋相对，而应该耐心说服，使其放弃不合理的诉求。

无论是购买和使用企业的产品或服务，还是处理交易中遇到的纠纷，目标客户都需要该企业的员工来引导。

从这个意义上说，销售人员就是引导客户做出有利于公司决策的领路人。为了扮演好这个角色，销售人员应该重点锻炼沟通表达能力、思维理解能力、组织协调能力，精通相关的专业知识。

2．不只是卖产品，也是帮客户改变生活

我们的生活是由无数产品累积而成的。每一款产品的性能与价格都会对你的日常生活产生正面或负面的影响。消费者购买产品的实质，其实是想通过这款产品来提高自己的生活质量。

比如，手机最初的功能不过是打电话和发短信，但智能手机突破了人们对这类设备的初始定义。对于现在的消费者来说，智能手机更像是一个移动的电脑，甚至是连接全世界的工具。我们可以用手机浏览新闻、拍照、在线预订并支付各种消费项目……当手机不在身边时，你会发现平时做的很多事都没办法进行了，仿佛与周边的一切断绝了联系。

在不知不觉中，我们经常被新出现的产品牵着鼻子走，渐渐地养成了新的生活习惯。而提高使用者对相关产品的高度依赖性，也是企业营销深度挖掘客户消费潜力的重要策略。

从长远的角度看，销售不只是卖产品，也是在帮助目标客户改变生活。

公司开发产品是为了满足目标客户的市场需求，而客户的需求归根结底都是生活需求。对于消费者而言，选择什么品牌的产品其实是个次要问题，切实提高自己的生活质量才是核心问题。假如买到的产品不能改善自

己的生活，客户就会感到得不偿失，从而拒绝接受销售人员的任何意见。

所以，销售人员不能只把产品当产品来看，而应该发挥联想，理解客户消费行为背后的生活追求。在推销过程中，一定要反复强调该产品能为客户的生活带来多少便利。抱着这样的心态去做推销，让客户知道公司的产品能为他们的生活带来哪些变化，才能最大限度地赢得他们的好感与订单。

海尔集团旗下的海尔小焙嫩烤箱在同类产品中是个异类。国内其他品牌的烤箱为了在网上商城中占得有利排名，千方百计地把烤箱的售价压缩在几百元左右。这比售价动辄上千的国外名牌烤箱要实惠得多，具有不小的价格优势。海尔小焙嫩烤箱却反其道而行之，保持着两千多元的售价。与国际同类产品相比，在价格上并没什么竞争力。

尽管如此，海尔小焙嫩烤箱在市场中销售仍然很火爆。这要归功于两个因素：一是海尔小焙产品本身的品质优良，二是消费者买下这款产品后会让自己的厨房生活发生很大变化。

海尔小焙第三代嫩烤箱采用了先进的烤箱技术与最优质的零部件，无论是传统性能还是独到的控温技术都超过了同类产品，所以它值这个价钱。

消费者在购买一款产品时，往往只关注产品单价，而不在乎产品及售后服务等环节共同构成的综合成本。从综合成本与对消费者生活的影响来看，海尔小焙不仅仅是一个嫩烤箱，而是一个以嫩烤箱为核心的智能家居生活圈。

海尔小焙CEO马钢表示：“国产品牌差的已经不是技术，中国制造已经开始重新思考产品定义，通过互联网来获取针对中国用户的需求，再通过互联网去整合资源设计产品和服务。这种对于产品的重新定义，商业模式的重新塑造，会让中国的‘互联网一代’找到强烈的认同感。有设计感的产品以及产品自身的用户体验设计成为赢得认同的关键要素。”

为了让消费者获得良好的用户体验，海尔小焙团队开发了独具一格的内置摄像头与烤圈APP。

嫩烤箱内部的摄像头可以全程直播食物的烘焙过程。对于烹调爱好者来说，烘焙是一个神秘的过程，在过去根本没有全程观看的条件。这种新技术使无数用户的心愿得以实现。

当用户下载烤圈APP后，会获得海尔小焙精心为烤箱专门定制的推荐食谱。除了推荐食谱外，用户还能在烤圈APP里看到其他用户自创了哪些新食谱，而且可以把自己烤好的作品发到烤圈里让其他用户点评。

海尔小焙曾以这种形式组织过在线面包烘焙派对，让用户在家各自烤面包，把成品上传到烤圈，由专业面包师评选出佼佼者，邀请他到北京参加为期五天的面包大师的免费培训课。

除此之外，海尔小焙还会借助烤圈APP等新媒体工具为用户提供精准的个性化服务。比如，用户会在生日或重要节日时收到海尔小焙客服赠送的小礼物。

就这样，海尔小焙嫩烤箱的用户通过购买烤箱与下载APP，扩大了自己的社交圈子。久而久之，烤箱APP的用户就逐渐形成一个拥有共同消费偏好的社群，每天分享着产品使用经验与烹调技巧，与海尔小焙共同维系着海尔嫩烤箱用户的智能家居生活圈。

海尔嫩烤箱智能家居生活圈的组成部分除了商家与目标客户外，还融入了国内知名食材商、模具商。用户以嫩烤箱和烤圈APP为媒介，可以参与线上线下活动，食材、模具、美食教程都能一键获得。通过智能烤箱来实现交互，与天南地北的烘焙爱好者交朋友。

海尔集团董事局主席、首席执行官张瑞敏指出：“这就是一种潜移默化的市场行为，当企业实现了与用户无缝对接后，其个性化市场的成长速度也将越来越快。”

尽管海尔小焙嫩烤箱的售价较高，但这个售价其实是让客户提前支付了接入海尔嫩烤箱智能家居生活圈的成本。若非如此，海尔小焙嫩烤箱的客户也不会获得那么多社群垂直营销的增值服务。

实践证明，海尔小焙的烤圈战略是有效的。仅仅几个月时间，烤圈这个社群大家庭就汇集了无数烘焙达人与美食爱好者。他们把烤圈当作朋友圈，自由的交流互动、分享资源、相互点赞。不同于一般的兴趣小组，烤圈社群有着浓厚的居家生活色彩，具有一定的“家”的归属感，用户黏度超出普通的社交圈子。

海尔小焙的客户虽然以较高价格购买了嫩烤箱，但通过买一款产品而收获一个新的生活圈，结交更多兴趣相同的朋友，这些已经远远超出了一款嫩烤箱的价值。

许多销售人员常犯的毛病是只讲产品优劣而不谈对生活的影响，前者是消费者关心的重点，但后者才是他们的根本目标。就算你把产品的价格、性能、使用方法以及同类产品的优缺点介绍得再清楚，若是目标客户觉得这款产品与自己的生活无关，也是会拒绝消费的。

销售是一场心理战，销售人员只有激活客户对生活的热情，才能让他们发现更多的生活追求与产品需求。

并不是每个客户都清楚自己真正需要什么样的生活。他们往往只有一个模糊的概念，只有少数人知道怎样巧妙地运用不同的产品来点缀生活。所以，客户在选购产品时都会琢磨该产品会给自己每天的生活带来哪些影响。如果销售人员的说辞符合目标客户的直觉，他们就会产生消费意愿。假如销售人员的阐述与他们的疑虑不在一个频道上，他们会觉得自己不需要这款产品。

为此，销售人员在推介产品和服务时应该先了解客户的生活状况，发现对方生活中的不便之处。这些“不便之处”往往就是产品需求的来源。

销售人员与其一味地宣传本公司的产品有多么优良、服务有多么周到，不如站在目标客户的角度来思考生活中哪些地方可以改进。从打造新生活的角度来说服消费者，销售活动就能达到事半功倍的效果。

3．客户的兴趣点就是最好的切入点

按照“经济人假设”，所有的消费者都是试图以最少代价实现自身利益最大化的理性经济人。但在市场实践中，大部分消费者并不是完全坚持理性消费，冲动消费反而是普遍现象。事实上，客户的消费心态往往是感性多于理性，只要某种正面或负面的情绪被调动起来，就会做出“冲动”的购买决定。

因此，销售人员经常在营销过程中加入某些兴趣点，以达到唤醒目标客户“冲动”的目的。

从某个层面来看，消费者购买商品也可以视为一种减压行为。有的人是因为急需该商品的功能来解决自己的困扰，有的人纯粹是为了宣泄压力而购物。无论初始动机是什么，大家只要买到自己喜欢的东西，心理压力就能得到有效疏导。所以，兴趣在购物过程中是个重要影响因素。毕竟，“千金难买我高兴”，如果购物过程充满乐趣，消费者自然会出手大方。

有经验的销售人员总是会设法找出客户的兴趣点，然后以这个兴趣点为切入点来唤起客户的共鸣感。这种销售策略可以称为兴趣营销。不仅销售人员和客户一对一谈判时可以用，企业搞营销活动也常用这种思路。

可口可乐十分注重品牌个性的塑造，经常在微博渠道搞抽奖活动。这些活动往往会结合当前互联网上最让年轻消费者群体感兴趣的话题来想点子，从而激发他们参与营销活动的热情。这些充满趣味的创意又进一步巩固了可口可乐在目标客户眼中的求新求变的年轻潮范儿。

无独有偶，兰蔻也在微博平台上开展过互动抽奖活动，还以“你的年轻经得起测试吗”为主题，设置了关于皮肤细滑度、紧实度、水润度、弹性、水油平衡等五项测试的话题。在为期五天的营销活动中，兰蔻每天上午十点发布一个主题，吸引广大目标客户积极参与，取得了良好的效果。

1号店则利用消费者们对成就感的渴望，策划了“冲击吉尼斯世界纪录”的营销活动。为了在全部渠道扩大影响力，1号店不仅在官方网站、微博发布消息，还采用了地铁及公交广告、明星代言等传统宣传形式。由于消费者对“冲击吉尼斯世界纪录”一事充满兴趣，此次营销活动取得了圆满成功。1号店还为所有参与的客户颁发了吉尼斯证书，以满足他们的成就感。

玛卡西尼男装吸引目标客户兴趣的切入点是微电影。玛卡西尼男装的执行总裁丁耿著与品牌总监刘宏分别在玛卡西尼男装策划的微电影《走出无人区》中扮演主角，通过讲述青春与梦想的故事来打动广大消费者。

新浪微博2016年第一季度财报宣称：“一季度微博日均视频播放量达4.7亿次，同比增长489%，比上季度增长64%。新晋网红papi酱在微博发布的69条视频，总播放量达2.46亿次，接近其他平台播放量的总和。视频能给网红提供更好的内容创作形式，随着基于视频的广告、打赏等变现方式逐步完善，有望使微博在视频社交领域获得更大优势。”papi酱的直播节目之所以广受欢迎，就是因为她总是用犀利的语言吐槽当下各种大众感兴趣的话题。这些话题往往反映了我们在生活中遇到的种种不顺，papi酱的吐槽点中了许多网友的心声，故而网友产生了强烈的共鸣。

2016年恰逢猴年，百事可乐推出的《把乐带回家之猴王世家》的广告短片，巧妙地将孙悟空扮演者六小龄童、美猴王世家等猴年主题元素与百事可乐“把快乐带回家”的企业文化结合在一起。在短片中，六小龄童那句“唯有苦练七十二变，才能笑对八十一难”，让所有喜欢《西游记》的消费者们感受到了坚韧不拔、执着向前的取经人精神。怀旧与励志的主题得到了极好的升华。这种把营销信息植入猴年春节团圆主题的手法非常自然，没有任何生硬的地方，完全调动起了86版《西游记》主体观众（主要是“80后”和“90后”）的兴趣点。

比亚迪在2016年春节推出的广告短片借用了“春运”这个热点，讲述了一群归心似箭的游子遭遇堵车困境的故事。在广告中，一对夫妇见交通堵塞严重，干脆利用比亚迪推出的新能源汽车的电源来做饭。在他们的邀请下，其他人也纷纷拿出自己的年货，凑在一起吃了一顿特殊的年夜饭。这则广告的巧妙之处在于：借助返乡人员都感同身受的“春运难题”塑造了一个特殊的困境，再利用新能源汽车的特殊功能走出了这个困境，同时也大打温情牌，让素不相识的返乡者们围在比亚迪新能源汽车周围一起吃年夜饭，共同渡过难关、庆贺新年。这种产品、事件、情感三位一体的创意，最容易打动消费者的内心，唤起情感共鸣。

由于兴趣营销的有效性，越来越多的企业开始在社交媒体上策划兴趣营销，试图乘上热点事件的快车。但随着跟风者不断增加，兴趣营销的效果也变得更加变化不定，并不是所有参与热点炒作的企业都能分得一杯羹。

有些商家没有真正了解目标客户的兴趣点所在，只是看到几个热门关键词就跟风。结果做出来的东西缺乏诚意，不对目标客户的口味，反而让他们对公司的品牌形象产生负面印象。

因此，想要做好兴趣营销，不仅要看准时机，还得讲究策略。企业做营销策划必须认真考虑以下三个因素：

首先是产品与目标客户兴趣点之间的关联度。

找到自身产品与消费者爱好的联系点是进行兴趣营销的前提。成功的兴趣营销无不是营销内容本身与热点有较高的相关度。至于那些与消费者喜好不挂钩的产品，生硬地植入营销信息反而会让消费者感到厌烦。

其次是企业的反应能力。

要想让兴趣营销发挥最大热度，企业必须在广大消费者对兴趣点讨论得最热烈的时间点推出创意营销内容。在信息过剩的今天，大家很容易被其他的兴趣点转移注意力。这就要求企业不仅要善于预判当前的热门兴趣点，还应该在产品包装、宣传海报、新媒体公告等环节围绕该热点展开。一定要在目标客户对兴趣点的关注度下降之前推出自己的新产品或新服务。一旦错过这个最佳时机，兴趣营销的意义就荡然无存。

最后是在兴趣点中植入营销内容的创意水平。

兴趣营销利用的是“贴牌”原理，把产品、服务、有奖活动等信息植入大家喜欢的事物中，使营销内容被更多人关注。生硬的植入就和硬广告效果差不多。如今的消费者非常讨厌不加修饰的营销信息，而欣赏经过精心包装的“软文广告”。尽管大家也知道那是广告，但这种宣传手法构思巧妙、生动诙谐，非常能提起目标客户的兴趣。

所以，一个好的兴趣营销创意，除了产品与热点必须密切相关外，最重要的是融合消费者的某种情感诉求，让他们产生心灵上的共鸣。

归根结底，兴趣营销的本质是塑造目标客户与公司之间的共鸣感，而非是跟风炒作热点。商家的一举一动都是在塑造自身的品牌形象，给目标客户群体带来令人心动的感触。当消费者的兴趣点得到充分满足时，他们就会很“冲动”地做出比平时更加大胆果断的购物决定。

4. 借助第三方推荐往往比自夸更有效

推销产品就是一个取信于消费者的过程。一款质量合格、造型精美的产品卖不出去，通常是由于销售人员没能让目标客户相信该产品物有所值。假如目标客户相信产品值得拥有，就会决定购买。

取得目标客户信任在很大程度上是靠销售人员的口才。但消费者普遍抱有“销售人员都在自卖自夸”的心理，故而会怀疑他们的话语是否真实。假如同样的消息由亲朋好友说出来时，他们往往会毫不犹豫地相信。所以，借助第三方推荐来打消目标客户的疑虑，也是销售人员的重要手段。

奇虎360公司董事长周鸿祎曾经说过：“在互联网时代，如果你的产品或者服务做得好，好得超出他们的预期，即使你一分钱广告都不投放，消费者也会愿意在网上去分享，免费为你创造口碑，免费为你做广告，甚至你都变成了一个社会话题。”这句话可以说是对口碑营销的最高评价。

简单地说，口碑营销就是利用产品用户的“好评”来带动销售。其本质是在目标消费者群体中建立企业品牌的信用。

“酒香不怕巷子深”的第一层内涵是产品质量是赢得消费者的立足之

本，第二层内涵就是口碑营销。通过好口碑来吸引人们慕名而来，以克服商业区位上的劣势。由于交通通信条件过于落后，农业社会的口碑传播范围很小。工业社会的企业可以通过报纸、杂志、广播、电视等形式推出宣传广告。只有在互联网时代，口碑营销的巨大潜力才能得到充分发挥。

互联网的出现让全球各地的消费者能够在最短的时间内完成集结，共同支持或反对某件事。口碑传播范围的人数从几十、几百变成了数以万计。热点消息在二十四小时内足以传遍全世界，从而形成强大的舆论效果。因此，口碑营销颠覆了传统的广告模式，销售人员可以更好地利用第三方推荐来促进销售工作。

淘宝上的商家为了获得消费者的好评可谓绞尽脑汁，因为一个“差评”将会降低其在网上商城的信用等级，进而产生一系列不利于宣传和销售的负面影响。互联网的聚焦效应和放大效应，会在短时期内把正面或负面的口碑变成滔天巨浪。要么用口碑捧红某款新产品，要么用口碑埋葬该产品的市场前景。

在任何消息都有可能被放大成爆炸性新闻的互联网中，差评对企业形象的破坏力十分强大。如今的消费者能通过论坛、博客、微博、微信等社交媒体对企业官方网站、官方微博、微信公众号进行狂轰滥炸，表达自己的不满情绪。不少拥有百年历史的企业就是因为没能处理好互联网公关问题，被汹汹舆论很快击垮，积累多年的形象与信誉毁于一旦。

毫不夸张地说，口碑是企业成功的基石。想要提高销售业绩，就不能不重视口碑的传播。

苹果前总裁乔布斯以独断专行的作风著称，基本上不找咨询公司帮苹果做市场调查。但这并不意味着他是靠“天才的直觉”来做决策。其实，乔布斯虽然不太在意第三方咨询公司给出的市场分析，但非常重视苹果产品用户的第一手反馈意见。

苹果公司每次推广新产品时，都会主动给产品用户发一个调查网页。这些调查网页不会被推送到其他消费者那里，只有苹果用户才能看见。乔布斯的做法并不是看不起潜在客户的价值，他只是觉得与其在潜在客户身上浪费精力，不如提高目标客户对苹果产品的好评率。

乔布斯认为：用户只会抱怨，并不懂得自己真正想要什么。然而，用户的抱怨就是公司创新的源头。谁会不停抱怨你的产品？当然是你的粉丝，产品的忠实客户。

说到底，经营口碑的关键是让目标客户群体感到物有所值、超出预期，而不是由销售人员直接把潜在客户转化为产品用户。销售人员的工作重心是目标客户，吸引潜在客户的工作则可以借这些目标客户之手来完成。

在信息过剩的今天，消费者的注意力是高度分散的，没有精力去逐个浏览信息，只能重点关注部分热门消息。所以，评分高的产品更容易出现在网上商城的推荐首页，从而吸引目标客户关注。口碑好的品牌能大大增强目标客户的信任度，从而在相应的消费群体中引起共鸣。

有趣的是，许多消费者对传统的产品广告心存疑虑，却很容易相信网上商城或社交媒体上对产品的好评或差评。

随着社会化媒体的普及，人人都是自媒体，人人都成了口碑传播的中转站。企业不仅能全方位地推销产品，还能与众多目标客户进行直接互动，把他们变成品牌的铁杆粉丝。这是因为各种互联网媒介加深了人们之间的沟通密度，让整个社会能进行广泛的信息交流和资源共享，从而实现“网聚人的力量”。

互联网经济的发展改变了企业原有的品牌建设方式。“网聚人的力量”进行口碑传播的营销方式，可以让企业赢得更多的目标客户支持，获得前所未有的品牌影响力。口碑传播范围越广、知名度越高，品牌就越成功。这又能反过来促进目标客户心甘情愿为企业新产品的销售活动做贡献。

赢得目标客户靠树立口碑，而传播口碑又是通过目标客户来完成的。这是一个如同“鸡生蛋，蛋生鸡”的循环。

口碑营销的实质是通过客户的正面评价来积累品牌的信用度。这里面既有目标客户对品牌的信任，也包括了其他潜在消费者对这些评价的信任。

《参与感：小米口碑营销内部手册》一文指出：“发烧友意见领袖发挥的是口碑营销的张力，现代社交化媒体的崛起又给它无限加成。以前的发烧友是小众的，能影响的多是周边人群的圈子，而现在即便你不打电话，不上专业论坛去询问，在微博、微信上都能非常容易得到推荐。今天我们打动消费者的路径变得非常短且扁平化了。”

从这个角度来看，良好的产品口碑有利于打动消费者，使其做出购买决定。甚至可以说，具有相同偏好的目标客户群体对产品和企业的综合评价，决定了该品牌的价值大小。据国际专业机构调研，平均每个Facebook品牌商的粉丝价值达到了174美元。可口可乐公司的Facebook粉丝价值在2013年时是70美元，其粉丝已经超过了3500万人，品牌价值相当惊人。这个数字如今早已翻倍。

由此可见，用户口碑可以转化为企业粉丝量，还能进一步转化为企业品牌价值。

在这个追求“眼球经济”的时代，夸张失真的销售宣传容易招致消费者的反感。来自广大用户的口碑则不同，对潜在消费者更有吸引力。只有那些对产品和服务的质量感到满意的客户才会给出较高的评价。换言之，口碑的好坏与客户的满意度直接挂钩，故而比销售人员的三寸不烂之舌更有说服力。

因此，销售人员应当借助现有产品用户的好评来说服新客户购买产品，积极与现有的目标客户（品牌粉丝）加强沟通及合作，通过他们在互联网各平台制造更好的产品口碑，通过不断加强产品及企业的整体口碑来减少产品销售的阻碍。

5．全面对接，合作比控制更重要

企业的目标客户可能是一个人或一家人，也可能是一个单位或好几个单位。前者与后者的需求量不是同一个级别，而且需求特点也有很大差异。销售人员必需区别对待，制定合理的销售策略，否则很难说服对方与本公司进行交易。

针对个体消费者的营销，主要还是围绕产品和服务本身。但针对政企单位之类的大客户的营销，不再只是单纯的产品交易，而是系统的对接。尤其是那些寻找供应商的大企业，会用一套完整的标准来整合各方资源，打造一个对合作双方都有好处的商业生态链。这样的大客户有极高的合作价值，如果能融入对方的商业生态链，成为其营销渠道的重要角色，对本公司的发展将大有裨益。

销售的最终目的不只是卖产品赚钱，而是维持和促进企业不断发展。为了达到这个目的，很多公司都在根据市场形势变化不断调整自己的业务，通过强化各方面的竞争力来提高销售业绩。

未来的市场竞争不仅仅是产品和服务的竞争，更是品牌与平台之间的较量。没有在市场中形成自己的商业生态链，企业就会陷入孤立，产品销销售渠道越来越窄，最终被大大小小的目标客户抛弃。

因此，现在有很多传统企业与互联网企业都在寻求跨界整合。这不光是为了构建线上线下一体化的营销平台，也是通过联合的方式共同构建一个互惠互利的商业生态链。把大家的细分市场组合在一起，各有所长，通过产品和服务的互补来全方面满足目标客户的需求。这样一来，所有合作单位都能共享彼此的目标客户资源。

有经验的销售人员都知道，与其单卖一款产品，不如出售一个产品组合。这样既可以使企业获得更多销售业绩，也可以让目标客户的需求得到更充分的满足。

但是，没有哪个企业能完美地提供所有的产品，都不可避免地要借助其他企业的力量，比如技术能力、销售渠道、服务平台等。任何知名企业都是通过不断与其他企业合作才一步一步成长到今天这个地步的。所以，小企业也应该通过与大客户合作把双方的产品和服务整合到一起，打破不同行业之间的壁垒。这样不仅能扩宽产品的销量，还能借助合作商的力量来提升自己的服务水平。

打造商业生态链的最终目的是共享市场、互惠互利，这是一个艰难而漫长的系统工程。

组成这个商业生态链的企业通常来自多个行业，比如，互联网公司、制造工厂、传统行业的公司等，无论是老牌领军企业还是刚成立不久的创业公司，都可能成为其中的一环。对于生态链的成员而言，合作其实比竞争更重要。通过优势互补形成“1+1＞2”的效果。大家应该主动地规避不必要的竞争，选择共享资源、共创品牌，以品牌组合系统而不是单个品牌的力量来赢得市场竞争。

小米公司创始人、董事长兼首席执行官雷军曾经在一次小米新品发布会中表示：“小米的生态链策略是合作、开放、不排他，愿意跟所有人合作。”小米生态链的发展定位是开发智能产品，为目标客户打造智能家居生活。

小米副总裁刘德对智能家居的解释是：“比如智能饮水机，当水质不好的时候，就会自动推送一个提示到小米手机或者小米手表，问消费者水质不好了，是否要换一个过滤芯？消费者如果想换，只需点击按钮、付款，过滤芯很快就会快递到家。当然，当智能空调的制冷不够时，它也会自动推送一条‘是否需要更换氟利昂’这样的信息到用户的手机或手表，用户可以选择随时更换。”

由此可见，智能家居生活还需要很多配套的智能家用电器。智能家居这块大蛋糕并非一家企业可以独吞。

事实上，各大家电企业研究智能电器并不晚，有的甚至已经磨剑十年以上。但这只是在某个“点”上的突破，还没形成足以覆盖日常生活的“面”。小米最初的主打产品是智能手机，又推出了智能手环，但其他家电产品并非小米的强项，于是小米科技找上了国内著名家电企业——美的集团，与其合作为消费者打造智能家居生活。

小米整合生态链的主要方式是参股。通过参股来构建合作伙伴之间的强强关系。美的集团向小米定向增发股票，这意味着小米今后在美的集团中拥有1.29%的股份。同时，小米还可以提名一位高层管理者做美的集团董事。

除了运营管理机制上的合作，小米与美的还设法把现有产品整合进了同一个智能网络体系中。

小米生态链中的所有产品和服务，都能通过统一的接口来连通小米智能手机或智能手表。这使得小米、美的及其他合作伙伴的产品能把多点突破变为全面突破。这样一来，就避免生态链中某个智能产品抓不住目标客户的“痛点”，让用户体验升级到新的层次。

在打造生态链的过程中，小米十分重视合作与开放。小米对参股的一百家硬件企业都开放了自己的品牌与流量。这些公司都将生产与小米相关的产品，并共用“小米”这个影响力极大的品牌。小米通过投资的方式来打造生态链，从而覆盖大部分智能硬件领域。

正如雷军所说：“我们如今专注于生产智能手机，但最终目标是建立一个能够推动和维持智能手机业务发展趋势的良好生态系统。”在新产品发布会上，红米2A、女神版小米Note、55寸小米电视、小米智能体重秤、小米插线板、小米移动电源等新品纷纷亮相。这些产品并非全出自小米自营公司，但都属于小米生态链出品。

通过在智能平台上汇集大量来自终端的数据，小米将形成一个融合数据采集、分析与服务为一体的控制中心。

“美米”联合打造生态链，不仅是美的“互联网+”战略的延伸，也是小米智能家居战略的一个重要环节。通过整合美的旗舰店的物流与服务体系，小米智能家居产品可以实现线上线下一体化发展，为生态链中的其他企业提供更优质的资源与战略渠道。

根据美的集团公布的“1+1+1”智慧家居计划，美的将在今后与其他合作伙伴共同建立“一个智慧管家系统+一个M-Smart互动社区+一个M-BOX管理中心”的智能家居体系，从而完成智能家电的互联互通工作，推出更多智能生活解决方案。

随着小米的加入，美的获得了更多互联网技术支持，由传统家电巨头升级为智慧家居创新的先行者。

雷军声称：“小米将持续开放生态链，继续打造成一个可连接一切终端的大型硬件生态系统。”

小米先后开发了通用智能模块、小米智能家庭APP、智能硬件通用云服务。其中，通用智能模块将以优惠价格提供给生态链中的所有合作企业。各方都能用小米智能家庭APP接入生态链的设备控制中心，以充分共享小米生态链的资源与数据。

也就是说，这些公司的传统电子设备安装了智能模块后，可以通过手机APP与系统实现对接，获得智能化功能。

商业生态链中的全体成员在共享资源、技术、渠道、人才的基础上合作，将会获得更强的研发能力、推广能力、销售能力、服务能力，市场覆盖率也会提高。

所以，有远见的企业并不追求自己控制一切，而是积极进行跨界整合，促进多方合作，用共建商业生态链的方式来占领更多的细分市场。唯有这样，才能把目标客户大规模转化为高忠诚度的粉丝客户。

新时期的销售人员只会向消费者推销产品还不够，还应当成为公司构建商业生态链的先锋。

那些合作单位的大客户最先接触的是本公司的一线销售人员。如果不具备平台意识与生态链意识，销售人员就只是停留在单纯地卖产品的阶段，而无法从更高的层面扩宽营销渠道。这会让营销活动局限在一个相对狭小的空间，销售业绩难以取得更高的突破。

为此，销售人员应当充分发挥企业代表作用，配合公司发展战略，寻找最符合公司需要的目标客户进行谈判，为构建商业生态链打下坚实的基础。

第八章 销售是做生意还是做人情

让客户高兴地签下订单是每一位销售人员的目标。由于每个客户的兴趣爱好千差万别，想法又多种多样，很难完全让他们满意。不过，销售人员只要从头到尾都坚持用对方喜欢的方式服务，不断改进自己的服务细节，目标客户迟早都会被打动。如何在服务过程中加入令对方感到舒服的“人情味”，更多还是靠销售人员自己领悟。

销售是一个相互寻找和定位的过程。企业在寻找自己的细分市场与目标客户的同时，要明确自己在市场中的位置。那些找准目标客户和市场坐标的公司，不仅能很快打开销路，还能逐渐形成特定的品牌标签，源源不断地吸引具有同样需求的消费者。假如企业没有明确的市场坐标，就会与消费者产生沟通障碍，产品和服务就很难赢得他们的认可。

用户体验指的是消费者使用产品与服务的主观感受。企业必须在各个细节上逐步完善自己的产品和服务，从而全面提高用户体验。极致的用户体验已经成为企业的一大核心竞争力。通过良好的用户体验，企业可以让自己的文化品牌“潜入用户大脑”。

销售不只是做生意，也是在做人情。只有把企业的产品和服务融合为一个有机整体，目标客户才能全方位感受企业的品牌文化。唯有如此，他们才会发自内心地把销售人员以及企业当成伙伴，真正爱上你的品牌。

1. 始终用对方喜欢的方式服务

做销售的要诀，一是找对有需求且愿意消费的人，二是让那个人喜欢你推销的产品。在拿下订单之前，销售人员要绞尽脑汁地赢得目标客户的好感。第一印象要好，第二印象要好上加好，好到客户对你产生信赖感才行。否则，他们会拒绝你的一切推销。

让客户高兴地签下订单是每一位销售人员的目标。这也恰恰是销售中最有挑战性的地方。客户的喜好差异很大，想法又经常变化。想要完全投其所好，非常考验销售人员的服务水平。

要做到这点不容易，办法成百上千，但只有随机应变的人才能够灵活运用，只有态度真诚的人才能够贯彻到底。不过，万变不离其宗，只要从头到尾都坚持用对方喜欢的方式服务，目标客户就会被你打动。

“对方喜欢的方式”是一个主观性很强的概念。从客户的交易记录可以间接判断他们是否喜欢本公司的产品和服务，但在此之前，基本上只能靠销售人员察言观色来判断。如果是在社交媒体上进行沟通，销售人员甚至只能通过客户的语气来分析对方此刻的心情是否愉悦。

从理论上说，企业可以通过用户大数据来研究出某位目标客户的消费习惯与行为模式。但机器不通人性，无法感知什么是人性化服务，只能给我们指出可能赢得目标客户喜欢的因素。如何在服务过程中加入令对方感到舒服的“人情味”，更多还是靠销售人员自己领悟。但无论是什么形式的服务方式，都应该遵循以下几点：

一是个性化，你的服务越有特色就越能打动消费者，务必让他们感到眼前一亮。

二是人性化，让对方充分感受到世界的温暖与人情的关怀，化解他们对你和公司的戒心。

三是价值化，只有超出客户预期的增值服务才能赢得他们对企业品牌的忠诚。

当你的服务同时满足个性化、人性化、价值化三个标准时，目标客户才会感到很舒适，自然而然地对产品产生好感。无论是合作已久的老客户，还是第一次接触本公司产品的新客户，都屡试不爽。如果销售人员能做到这点，业绩不愁提不上去。

雷军说：“只有真正和用户交朋友，才能真正获得用户喜欢和信任的口碑。”这就是小米在实战中总结出来的“用户思维”，也是所有正在探索“互联网+”模式的传统企业应当注意改进的重要方向。

许多人只看到了小米的互联网预售渠道与饥饿营销手段，却忽略了小米“真心真意与目标客户做朋友”的服务精神。“服务”二字看似平凡无奇，实则博大精深，包含了无数细节。一个企业有没有与目标客户做朋友的诚意，从其服务的细节可以看出端倪。在互联网社会，没有诚意的产品与服务，好比是一剂营销毒药，必定会伤及企业的品牌影响力。

所谓“法无定法”，有诚意的服务并不拘泥于单一的形式。世界上没有放之四海而皆准且完美无缺的万能服务模式。每个企业的服务流程、服务团队规模、服务内容、服务对象都大相径庭。没有绝对的标准答案，只有结合自身资源反复摸索，才能找出最能体现企业特色与诚意的服务模式。

当然，万法归一，不离其宗。无论你用什么样的特色服务来对待目标客户，只有给予他们“超预期”的体验感，才能让目标客户感受到企业的真心诚意。

小米发展“米粉”的诀窍非常简单。无非是服务人员时刻牢记“每位目标客户都是老友”这句话。

有位外国客户到珠海出差时，曾在回国前三天去当地的小米之家参观。小米手机只在网上直销，几秒钟就被抢购一空。但这位外国客户对小米缺乏直观的感受，故而心血来潮前往小米之家感受小米工作人员的服务。

他在现场得到了小米销售人员的热情接待。在经过销售人员详细的产品介绍后，他决定购买一部小米4手机。这位外国客户三天后就要回国，担心购买手续来不及完成。一位客服就把公司发给自己的小米F码送给了他。

小米手机主要采用网售，由于产品很受欢迎，客户抢购难度不小。但是客户获得小米F码的话，就无须等待，可直接购买小米手机。这相当于一个绿色通道。根据小米官方的解释，“F”是“Friend（朋友）”的首字母，故而F码又称朋友码。

F码就是小米公司授予客户的优先购买权，通常只发给小米的核心目标客户或贡献突出的“米粉”网友。

那位外国客户自然不属于这两类人。但小米销售人员把自己的“朋友码”送给了他，并手把手教他如何下订单。可见，销售人员已经将目标客户当成了朋友。

仅仅两天，这位外国客户就收到了小米4手机，但他不太会用。于是，那位销售人员又帮他下载了港版系统，并教了他几个基本功能。两个人约好下次见面时一起吃广式早茶。

后来，那位外国客户变成了真正的“米粉”，并在推特上发布了关于这次服务体验的日记。

珠海小米之家的这种充满人情味的服务，从售前到售后始终坚持如一。这并不是小米服务的唯一模式。因为小米尊重“朋友们”的个性，并不让销售人员按照条条框框来提供服务。这种特色服务的关键是由心而发，真正将“米粉”当成朋友来经营，直到让他们满意为止。

大家都知道服务要以人为本。但“以人为本”和“对方喜欢的方式”一样，只有基本的方向，没有绝对的标准。

在服务过程中使用礼貌用语、保持亲切热情的微笑，也算是一种“以人为本”的表现。但这实际上不过是大多数企业采用的标准化服务。

这种服务模式的主要优点是减少了公司在员工培训与售后服务等方面的成本。但今天的客户选择范围越来越广，对服务的要求也趋于个性化与多样化。传统的标准化服务模式太过一刀切，不能给目标客户带来符合其偏好习惯的体验。这将导致大多数目标客户的细化需求都会被企业按照统一标准自动忽略掉。

因此，那些停留在标准化服务模式的企业，客户的满意度很难有所提升，但客户流失率可能不太容易下降。

所谓“对方喜欢的方式”实际上指的是个性化服务，即真正切中消费者个人喜好的服务模式。

个性化服务模式显然更容易讨目标客户喜欢，但这无疑对企业和销售人员提出了更高的要求。

在过去，个性化服务是一种理念先进却又费力不讨好的运营模式。主要技术瓶颈是，如何以最小的代价来大规模采集详细而精确的客户数据。此外，如何从这些海量数据中挖掘出各种信息的相关性，勾勒出目标客户的消费行为规律，这也是一个技术难点。企业难以确切知道自己的客户到底有哪些个性化的消费习惯。小企业也许可以分散精力仔细整理有限的客户资源，但大企业的客户规模大、样本多，难以一一照应到位。

如今，千人千面的个性化服务已经具备了施展拳脚的条件。大数据技术的出现，甚至可以让企业进一步为每个目标客户提供量身定制的人性化服务。精准营销与精准服务双管齐下，才能最大限度地满足目标客户的个性消费需求。

2. 明确市场坐标，让沟通与服务更高效

销售是一个相互寻找的过程，也是一个定位的过程。企业寻找自己的细分市场与目标客户，消费者寻找能满足自己需求的产品和服务。特别是企业，一边寻找合适的交易对象，一边摸索自己在市场中的位置。那些找准目标客户和市场坐标的企业，不仅能很快打开销路，还能逐渐形成特定的品牌标签，源源不断地吸引具有同样需求的消费者。

遗憾的是，不少企业始终没能明确自己的市场坐标，发展规划一塌糊涂，对目标客户群体也无法精准定位。如此一来，企业与消费者之间的沟通也会产生障碍，产品和服务就很难赢得消费者的认可。

发达的电子商务与移动互联网拓宽了人们沟通交流的渠道。商家与消费者的关系也因此发生变化，商家不再是单向的信息传播者，消费者也不再是单向的信息接受者，两者之间的信息传播与接收是双向的。利用社交媒体与目标客户进行频繁而深入的互动，已成为现代销售的一个特征。

因此，为了获得更高的销售业绩，企业应该设法让沟通与服务更加高效便捷。这样才能让目标客户畅通无阻地表达自己的各种需求，让企业服

务体系能更有力地满足他们的各种需求。想要做到这点，企业首要任务依然是明确自己的市场坐标。

正如《互联网思维独孤九剑》所言："第一，你的目标用户是谁？第二，目标用户要什么？第三，怎样满足目标用户的需求？不仅品牌运营，所有的营销企业经营问题都可以归结到这个体系内。"

如何回答这三个问题，将影响到企业在市场中的坐标位置。能否为目标客户打造一个良好的沟通和服务平台，也取决于这三点。可以肯定的是，沟通和服务效率高的企业必定有着明确的市场坐标，知道自己在为哪些人服务，也知道他们对服务的要求是什么，并且具备实现目标客户愿望的能力。在市场形势严峻的情况下，企业的市场坐标就显得更为重要。因为公司是否能守住自己的细分市场，取决于能不能以合理的市场定位来规避风险、另辟蹊径。

网络视频刚兴起的时候，对家电产业形成了不小的冲击。由于在网上看影视节目可以灵活选择时间，于是很多消费者把电脑当电视来用。

不过，长虹集团凭借"CHiQ"系列智能家电在2014年上半年的销售业绩名列前茅，此后在业内也保持着良好的销售业绩。2016年3月10日，第十届全国消费电子行业客户服务大会在北京召开，据调查数据显示，长虹产品的消费者使用满意度在国内同行中位居前列，达到了最高的五星评价。

由此可见，在消费者眼中，长虹的产品具有"高质量、高智能"的特色，在服务领域也高度契合用户的需求。长虹的目标客户有着较高的品牌忠诚度，这与其以智能化、人性化为特色的服务机制是分不开的。

为了打造高质量的特色服务，长虹与IBM等互联网企业合力建设了长虹大数据中心，并在此基础上组建了覆盖全国的专业电器服务子公司——四川快益点电器服务连锁有限公司。

快益点电器服务拥有12000多家服务网点，具有很高的信息化水平。快益点与国外专业机构合作开发了具有国际先进水平的服务管理体系、呼叫中心体系以及备件保障体系。在服务硬件设备体系实现升级换代时，员工也加强了对服务技能的培训。

没有高效的沟通与服务，就不能提高目标客户满意度。所以，售后服务机构不仅要为目标客户提供优质服务，还应该与其保持畅通无阻的交流。用真诚的语言和行动，与目标客户交朋友，最终将其变成长虹品牌的忠实粉丝。

假如企业不能坚持为客户提供优质的人性化服务，客户对品牌的热情就会很快衰退，转而使用其他公司的产品。

每个客户的沟通习惯各不相同。有的人喜欢用QQ联系，有的人爱直接打电话，有的人以微博为主要社交平台，有的人热衷于刷微信朋友圈，还有的人喜欢在论坛和贴吧发表言论。

长虹快益点自成立以来就力图渗透到每一个互联网平台，以形成全渠道营销与全渠道服务的格局。这样一来，快益点服务团队就能把各类客户都纳入自己的服务渠道中，避免了客户从其他渠道流失。

与此同时，长虹集团还为快益点设立了官网，开通了长虹售后服务官方微博（即快益点的官方微博）、长虹电子商务中心官方微博等平台。这些平台资源都是快益点与长虹客户进行长期沟通的重要媒介。快益点追求的“零间隙”用户沟通，就是通过无死角覆盖互联网平台来实现的。

在长虹集团未来的发展规划中，所有子公司都将升级为智能家电设备与管家式服务的供应商，整个集团也会形成一个智能产业生态圈。

长虹会通过个人网关将各种CHiQ系列智能家电连接成一个整体，大数据云端则将成为辅助客户管理智能生活的“全能管家”。这样一来，长虹的客户将体验到更加智能化的生活。

由上述案例可知，长虹集团的市场坐标非常明确，把自己定位为智能家居生活的创造者。集团所有的产品和服务都将围绕智能家居生活来设计。

从2016年的消费者使用满意度调查来看，长虹集团凭借清晰的定位与高效的沟通服务体系赢得了目标客户群体的普遍好感。这个著名的家电品牌将在其市场受众的广泛支持下越走越远。

就在长虹全力打造特色服务体系的同时，我国家电行业却进入了比2015年更艰难的寒冬期。除了整个行业遭受移动互联网浪潮冲击的影响外，售后服务与沟通机制缺乏效率也是重要原因。

在消费者协会的2013年统计报告中，家电企业产品的被投诉次数排名靠前。其中，家电售后服务不佳在所有投诉中占了21%以上的比例。这在很大程度上是因为中小家电企业缺乏专业的售后服务网点。

迄今为止，国内80%的中小家电企业还没有建立自己的售后服务网点，15%的企业只是把售后服务业务外包给第三方服务商处置。在家电行业中，只有不到5%的公司具备相对完备的售后服务体系。这导致大部分家电企业与目标客户之间缺乏高效的沟通，服务质量上不去，遭到的投诉自然不会少。

除了硬件设施和技术上的短板外，最大的阻碍还是在观念上。大部分企业只重视前端品牌的推广营销，而忽略了对后端服务体系的建设。由于产业链后端的服务环节与前端的产品环节发生脱节，就算能打造出让目标客户尖叫的产品，目标客户也会因售后服务带来糟糕的用户体验而流失。

若想让沟通与服务更加高效，企业必须像长虹那样重组自己的运营流程。贯彻“一切以用户为中心”的精神，以改善用户体验为立足之本，不断提升沟通效率与服务质量。

如今的销售战争已经变成了品牌战争，精准的营销推广、高效的沟通机制、完善的服务体系堪称企业品牌的三大支柱。谁能与目标客户建立起无缝对接的密切联系，谁能以最便捷、最人性化的方式满足目标客户的需求，谁就赢得了未来市场的主动权。

3．改善用户体验，用细节打动人心

用户体验指的是消费者使用产品与服务的主观感受，这是一个衡量产品与服务质量的重要标准。

产品用得顺不顺手，对使用者有没有副作用，都是产品用户体验的一部分。微信推出支付功能后，服务行业的商家纷纷推出自己的公众号与二维码支付功能。对于用户来说，微信支付不仅能下单支付一步到位，还能省去找补零钱的时间。所以，很多消费者逐渐用微信支付代替了现金支付，平时身上很少带现金。这个新的消费习惯就是良好的用户体验所催生的。

服务的用户体验涉及的细节就更多了。在环境舒适的服务站点，遇到态度热情、业务精湛的客服人员，在不太长的时间内解决各种麻烦，还能使用免费Wi-Fi上网，这大概就是消费者心中比较理想的用户体验。

用户体验是否良好，对销售工作有着直接影响。消费者对企业的不满，主要集中在产品问题和工作人员的态度问题两个方面。归根结底，一切的源头都是他们对用户体验感到不舒服。因此，想要提升销售业绩，就必须从各方面不断改善消费者的用户体验，从细节上打动他们。这样才能

让目标客户乐于购买产品和服务，把企业品牌列入必选对象。

世界互联网巨头IBM在《全球CEO调研报告》中称：企业在互联网经济时代应该“以个性服务赢得客户”。IBM为此建立了自己的客户体验实验室，试图借助先进的科技来分析每一位客户的行为模式与消费偏好，从而设计出更人性化的用户体验改进方案。

有趣的是，IBM还把那些对企业发展影响最大的目标客户群体定位为“首席执行客户”，这个概念对其他企业也同样适用。毫不夸张地说，企业未来的发展势头几乎被这个核心目标客户群体所左右。企业赢得“首席执行客户”青睐的唯一途径就是在产品和服务细节上不断改善用户体验。AppChina应用汇在这方面做得颇为用心。

“AppChina应用汇”是一款基于Android系统的本土化应用商店，也是目前国内极少数承诺对客户提供第三方赔付服务的应用商。其发展目标是“致力于为中国用户打造最全面、最个性化的手机应用商店，为用户提供最丰富、最安全的应用”。消费者可以通过手机客户端来获取AppChina应用汇的产品。据统计，AppChina应用汇每月的产品下载量已经过亿。

为了改善用户体验，AppChina应用汇的“产品君”（即该公司产品经理与设计师的昵称）在细节上精益求精，追求极致的趣味性、互动性以及便捷性。

为了让广大消费者觉得产品更丰富酷炫，“产品君”推出了以下新功能：

第一，把应用汇管理中心的布局改为简洁明快的九宫格图标样式，用“图+文”的扁平化表现形式来提升用户的浏览舒适度。

第二，把原先评论墙的“最热门”栏目改名为更有网络用语特色的“新神评”。

第三，对产品的“对话汇汇”进行升级，并增加了“搜索君”（即搜索功能栏）。

第四，应用汇的产品实现了两级分类，让广大客户能够完成两级联动。

如今的应用市场天天都会增加很多新应用。各个公司都在不断升级应用版本，以求提高产品的竞争力。不过，消费者的注意力资源是有限的，很难从上百万的应用中找出自己喜爱的应用。

所以，AppChina应用汇推出的两级分类布局，修正了之前应用分类太过简单粗暴的缺陷。两极分类首先分为“游戏分类”与“应用分类”，然后在这两大类之下继续细分其他的应用类型。例如，“游戏分类”包括了十八种分类游戏，点击进入后又有更细致的应用分类。

产品的互动性是否良好，也是衡量用户体验的一个重要标准。用户可以通过“对话汇汇”向AppChina应用汇的“产品君”提出反馈意见或疑问。AppChina应用汇的客服会热心解答客户们的问题，倾听他们的想法。

而新出现的“搜索君”也以用心聆听客户需求为宗旨。假如消费者找不到自己想要的App应用，或者怀疑该应用不是正品时，都可以找应用汇的“搜索君”聊聊。因为“搜索君”就是为了拉近与消费者之间的距离而存在的。

为了方便客户找到“搜索君”，应用汇设计了两种交流方式。

路径一：直接进入“对话汇汇”。

路径二：在搜索框里敲回车键，网页会出现黄字提示：“新反馈，点这里。搜不到？有山寨？”然后点击进入就能切换到“去反馈”。

通过调整上述细节，AppChina应用汇的功能越来越强，用户体验也越来越棒。AppChina应用汇的企业文化充分体现了“一切以用户为中心”的人本思想，时不时给客户带来更多小惊喜。这样一来，应用汇的目标客户就会更喜欢这个Android应用商店。

小米科技的副总裁黎万强在《参与感：小米口碑营销内部手册》中指出："真正的参与感绝对不仅仅是互动，而是塑造一种友爱的互动，让员工、用户发自内心地热爱你的产品，发自内心地来推荐你的产品。"

他还主张："潜入用户大脑，就是说在用户使用过程中，通过不断的用户体验创新潜入和渗透，不是广告式的，而是渗透式的。"

可见，改善用户体验本质上就是用细节打动目标客户的内心。这绝非一蹴而就的事。因为用户体验是一种细微的主观感受，如人饮水，冷暖自知。而且目标客户的需求处于变化状态，原先让他们感到喜悦的东西很可能在明天就不能满足他们的需求。

从这个角度来看，改善用户体验没有一成不变的标准，也不应拘泥于某种成功经验，需要不断根据形势发展进行创新。这个创新既包括产品也包括服务。如果硬要说有什么准绳的话，那就是以下三点：

第一，努力让用户以更简便、更快捷、更舒适的方式获得自己想要的东西。

第二，让产品和服务的档次超出目标客户的预期，从而提高他们对企业的满意度。

第三，坚持以人为本的理念，让产品设计更加人性化，让服务方式更有人情味。

唯有做到以上三点，企业才能赢得"首席执行客户"的真心支持。

在今天，用户体验不再仅仅指用户对产品的使用感受。产品设计、推广营销、售后服务——用户体验始终贯穿在企业整个服务生命周期中。企业与用户之间的所有互动过程，都影响着用户体验水平。因此，企业在产品的开发阶段，就必须认真思考用户体验的问题。

想要实现这个目标，企业必须扎根细分市场，深入到目标客户当中。

只有长期保持与目标客户的互动，公司才能及时而全面地了解他们的想法与喜好。特别是在消费者普遍求新求变的社会心态下，如果不能把握目标客户的需求变化与消费心理变化，就无法及时提供精准的人性化服务。可以预见的结果是企业产品与服务的用户体验将落后于竞争对手，目标客户也将不可避免地大量流失。

因此，企业必须在各个细节上逐步完善自己的产品和服务，从而全面提升用户体验水平，这也是一种差异化竞争策略。通过提供个性化的增值服务，满足不同类型客户的用户体验，以此增强企业的用户黏度。

毫不夸张地说，极致的用户体验已经成为企业的一大核心竞争力。通过良好的用户体验，企业可以把自己的文化品牌传递给目标客户。黎万强提倡的“潜入用户大脑”，归根结底就是打动目标客户的内心。这样才能在市场受众中培养出有利于企业销售的消费习惯，从而最终带动销售业绩的上涨。

4．让产品和服务成为一个有机整体

技术人员只负责研发产品，销售人员只负责推销产品，客服人员只负责售后服务，许多企业的内部分工都遵循着这种泾渭分明的格局。由此造成的结果是产品与服务的融合度不够，目标客户对企业品牌的印象仅停留在产品上。这样不利于增加用户黏度，无法让目标客户真正爱上你的品牌。

销售不只是做生意，也是在做人情。销售人员与目标客户先交朋友再谈业务，这是做人情的第一层含义。第二层含义是把企业的产品和服务融合为一个有机整体，使目标客户能全方位感受企业的品牌文化，从而发自内心地把销售人员以及企业当成伙伴。

小米公司的创始人、董事长兼首席执行官雷军曾经感叹道："我在做小米的时候，最大的愿望就是像我这样的发烧友能参与进来，能提意见，就这么一条。比如，这个手机有个功能是我提议的，我追求这样的成就感。就是我原来从诺基亚、摩托罗拉得不到的成就感，我今天能让几十万人得到这样的成就感，我觉得这是小米的精髓。什么供不应求、粉丝经济都不是我们想出来的，所以大家能看到，粉丝跟我们的关系是很深的。"

小米公司对产品设计有三个标准：加正值、不加不减、加负值。

“加正值”是指该项设计具有存在的必要性，“不加不减”指该项设计可有可无，“加负值”指设计会产生副作用。小米追求的极致就是把每个工具都调试到最优化，不仅要清除所有“加负值”，连“不加不减”的设计也毫不留情地抹去。而这三个“值”的取舍在很大程度上是由参与产品更新的“米粉”来决定的。

让目标客户参与产品的改进工作，让目标客户充分感受到小米之家官方服务旗舰店的人情味，这种双管齐下的营销模式堪称小米的一大特色。

小米公司从上到下都高度重视与“米粉”的互动。雷军本人也不止一次亲自参与或组织与小米消费者的互动。

比如，雷军曾在2015年5月5日上午发了一条微博：“我想请5位米粉，去印度和美国，来一场说走就走的旅行，如何？我们付所有旅行费用，但你要用配备骁龙810的小米Note顶配版在国外完成一系列任务，帮我们测试一下小米Note顶配版的各项性能。”

毫无疑问，这条微博的核心内容是宣传当时新出的小米Note顶配版手机。雷军亲自邀请“米粉”参与新产品的测试，并采用组织免费旅游的形式，这从宣传和营销的角度来看都是一种创新。

光靠高层管理人员灵光一闪地策划几次营销活动，是无法长期打动消费者的。产品与服务一体化建设的根本还是要立足于完善基层服务体系。想要留住目标客户的心，就要打造全方位的人性化服务。

人性化服务机制有三个基本特征。第一是服务态度充满人情味，要让目标客户有宾至如归的亲切感。第二是服务内容个性化，能满足不同目标客户的多样化需求。第三是服务流程便捷化，尽可能地让消费者以最省事的方式来享受服务。

小米的官方服务旗舰店——小米之家，就是为了推动产品和服务一体化建设而诞生的。小米之家是小米官方的直营客户服务中心，主要功能是服务与体验。它没有按照普通的售后服务中心来建设，而是借鉴了苹果的“天才吧”模式，将其打造成一个俱乐部。小米之家不仅仅是向广大用户展示产品与维修服务的站点，还是“米粉”举行深度互动的交流场所。

小米公司在2014年6月10日发起了为期一个月的“小米服务点赞月”活动。

在活动期间，任何光临“小米之家”或其他授权服务网点的消费者，都能够享受到免费获得手机贴膜、免费手机清洁、免费手机检测、保外手机维修免手工费、小米一小时快修服务五个特色服务。消费者在体验完特色服务后根据自己的感受来“点赞”或投票。公司将在活动月结束后评选出明星服务网点。

“小米服务点赞月”的目的是鼓励消费者参与小米服务网点的测试，从而找出让目标客户最满意的服务方式，以此作为全公司各服务网点的样板。这次活动最终夺魁的是2013年11月13日正式开业的珠海小米之家。

珠海小米之家是小米公司在国内的第六家官方服务旗舰店。这个服务网点所在的地理位置并不优越，开始时周围群众还不知道这里是小米手机在珠海的直营客户服务中心。但没过多久，无论是小米用户，还是其他居民都很快知道了珠海小米之家的存在。因为这个服务网点在开业当天就向当地居民推出了“一小时快修服务”项目。人为损坏的手机，珠海小米之家都承诺在一小时内修复完毕并还给消费者。

“一小时快修服务”的后盾是过硬的技术能力与优化的运营流程。最吸引当地消费者的就是这个“快”字。在注意力稀缺、时间呈碎片化的今天，谁能为客户节省更多时间与精力，谁就更容易留住客户的心。小米的人性化服务不光是靠一个“快”字诀，更重要的是突出人情味。普通的微笑服务虽然客气有余，但并没跟客户打成一片。对于小米员工来说，客户没把自己当街坊邻居，就是服务失败。

珠海小米之家从开业以来就要求全体员工学会带小孩。因为很多“米粉”是带着孩子来店里的。如果客户一边带孩子一边与员工讨论产品问题，沟通效果就会受到影响。所以，珠海小米之家的员工都掌握了一些与孩子打交道的技巧，以便让“米粉”可以放心地将孩子交给其他员工，自己专心选择产品或体验其他服务。

此外，珠海小米之家还设有家居装饰风格的电视体验间。当客户进入这个场景时，就会忍不住坐下来体验小米的产品。某些小米之家还曾经出现过“米粉”因体验太过舒服而直接在电视间里睡着的趣闻。

久而久之，珠海小米之家成了街坊邻居的俱乐部，员工也与越来越多的“米粉”成为朋友。由此可见，小米的人性化服务紧紧围绕一个“家”字展开，力图让每一位目标客户对小米产生全方位的亲切感。

在《2016年上半年中国热门手机Top10》排行榜中，小米的红米Note3位列榜首，小米4C排第四位，小米5排第十位。小米总共赢得了中国大陆地区18.23%的智能手机客户，受欢迎度超过了苹果、三星、华为、乐视、魅族、中兴等国内外名牌产品。由此可知，小米的产品和服务一体化建设颇有成效。

对于消费者而言，产品与服务都是企业品牌的两个基本面，任何一面让消费者不满意，都会降低其好感度。销售人员过去只负责卖产品，既不关心产品的设计问题，也往往把售后服务问题丢给客服部门。这个观念在今天应该有所转变了。互联网经济要求企业打通产品与服务之间的壁垒，全员营销和全员服务是新时代销售的潮流。

阿里巴巴集团董事局主席马云指出：“我一直认为互联网不是一种技术，而是一种思想。如果你把互联网当思想看，你自然而然会把你的组织、产品、文化都带进去，你要彻底重新思考你的公司。今天很多人都说网上营销好，但是营销好了，麻烦也就开始了，你整个组织、人才、思考、战略都要进行调整。”

让产品与服务成为一个有机整体，就是由传统营销转型为新型营销的关键内容。

如果做产品的闷头搞研发，不直接了解用户的第一手意见，就无法设计出目标客户理想中的个性化产品。做服务的虽然与目标客户保持着互动，但若不协助产品用户与产品研发人员进行沟通，就不能成为连通用户与企业的桥梁。

如果还像过去那样，产品研发与营销服务各自为政，那么销售人员很难让目标客户成为企业品牌的忠实支持者。尽管大家都标榜自己完全是围绕目标客户的需求来做业务，但产品与服务不是一个有机整体，目标客户不可能真正感受到最友好的消费体验。这样一来，销售业绩也迟早会陷入发展瓶颈。

第九章 提高客户忠诚度的要点在哪里

销售是一件长远的事，那种只想着“一锤子买卖”的观念不利于事业的长久发展。目标客户群体是企业的生命线，成功的销售不光靠找对最有价值的客户，还包括把这些“对的人”变成企业的长期合作伙伴。客户的忠诚度越高，带给企业的价值就越大。与其向十位客户做一次性销售，不如把一位客户培养成高忠诚度的VIP客户。因为后者能给销售人员带来长久的业绩，而不是一两笔短期收益。

维护客户关系是销售工作的一个难点。很多企业由于忽视客户关系管理而导致客户资源大量流失。从失败案例中借鉴经验教训，有助于企业避免在不应该的地方得罪客户。

互联网时代的销售不同于过去，企业与客户之间的关系不再局限于卖方与买方。不少有远见的企业把客户变成自己创意生产线的一部分，利用粉丝客户的聪明才智共同打造让广大粉丝都喜爱的产品。让客户参与到产品的设计、推广等营销过程，成为企业的重要助力，有助于提升客户的参与感和认同感。在此基础上，企业与客户可以共同建立一个具有相同群体文化与消费观念的垂直社群，形成对彼此都有利的商业生态圈。

粉丝思维虽然有助于企业拉近与客户之间的关系，但这种运作方式需要很高的沟通技巧。粉丝客户具有强大的凝聚力与号召力，假如他们与企业同心同德，企业的销售业绩会不断增长。反之，企业的主要客户资源可能会流失殆尽。

1. 客户满意度是销售涨跌的晴雨表

腾讯首席执行官马化腾曾经对媒体说："互联网是个变化很快的行业，竞争非常激烈。12年来，我最深刻的体会是，腾讯从来没有哪一天可以高枕无忧，我们每天都如履薄冰，始终担心某个疏漏随时会给我们致命一击，始终担心用户会抛弃我们。因此，我们一直奉行的信条是'一切以用户价值为依归'。我认为，这是腾讯能够一路走来并发展壮大的原因，也是互联网经济的核心要素之一。"

腾讯堪称中国互联网行业的三巨头之一，却也对客户流失问题战战兢兢。这种态度从侧面反映出客户满意度的重要性。

有些销售人员只想着提高销量，而不关心售后服务，不认真处理客户在使用产品时遇到的问题，这是一种短视的做法。表面上看，销售人员能卖出很多产品，在账面上能看到漂亮的数字，但售后服务不及时跟进的话，消费者的用户体验会大大下降，对销售人员及其背后的企业产生不满，于是客户满意度就会走下坡路。

尽管客户满意度是无形的，但它能变为实实在在的巨大价值。

在预测公司盈利水平时，市场份额是个很重要的指标，而市场份额又取决于顾客留存情况。当一个公司的客户纷纷流失时，市场份额将随之下降，产品销量和盈利自然会缩水。客户是走还是留，则取决于其对企业产品及服务的满意程度。因此，客户满意度决定了企业的市场份额盈缩，最终对产品销售涨跌产生深远的影响。

客户满意度是一种主观心理感受，无法将其简单地转化为数据。当客户认为产品或服务的实际价值高于自己的预期值时，会对交易感到满意，反之就会感到不满，这个主观感受会影响他们接下来的购买决定。

根据营销专家的研究，客户满意度主要受“情感”与“认知”两个因素影响。情感因素也就是喜不喜欢该产品，认知因素可以理解为购买这个产品值不值。

客户刚接触产品的时候，对其相关信息了解比较少，更多是凭借某种情感来做消费决策。所以，很多企业在营销推广时会打出怀旧主题或亲情主题的宣传方案，充分利用情感因素打动消费者。客户反复使用产品后，会对其有一个相对全面的了解，这时候认知因素就成了影响消费决策的主导力量。

除了产品之外，销售人员的热情度与企业的售后服务质量也是影响客户满意度的重要因素。

客户满意度的形成是一个动态过程，每次消费体验都只能代表客户当时的满意度。假如下一次消费体验同样良好，客户满意度就会上升，一步一步累积成品牌忠诚度。若是某次售后服务没做好，客户此前累积的满意度就会被抵消一部分，甚至全部消失。

小米公司董事长兼首席执行官雷军说：“在今天的互联网竞争里面，我觉得最重要的还是用户满意度。这些优秀的企业，它们都同样在乎能不能让用户满意。所以，我觉得我们应该把焦点放在用户上，可能有些恶性竞争爆发使大家把焦点放在对手上，而不是放在用户满意度上。我自己是把所有精力都放在怎么改善产品和服务上，让用户满意。”

为了更好地评估客户满意度，营销专家设计了一个客户满意度评价模型。该评估模型主要分为以下几个要素：

第一个要素是感知价值。

感知价值对客户满意度的影响最为直接。客户在权衡消费决策的利弊后形成的价值判断就是感知价值。感知价值包括对“收获”的感知，比如产品使用价值、服务舒适度、相关技术支持等收益；还有对“付出”的感知，比如购买产品的价格、物流配送成本、设备安装成本、订单处理成本、产品维修成本以及产品失灵或服务不佳等。

第二个要素是感知质量。

感知质量包括产品质量与服务质量，对感知价值的影响很大。产品质量对消费者的影响不必赘言。营销专家把服务质量细分为服务互动质量、服务结果质量、服务环境质量。服务互动质量与服务结果质量对客户满意度的影响效果非常直接。服务环境质量对现有客户的影响不太明显，但对潜在客户的影响很大。

再优秀的企业也可能在产品或服务环节出现纰漏。这时候，企业的服务补救能力将对客户的感知质量产生决定性影响。服务补救虽然是一种事后行为，但可以把客户对企业及销售人员的不满降至最低，从而改进客户的感知质量。

第三个要素是客户期望。

客户对产品或服务品质的期待就是客户期望。客户期望是消费者在正式接触产品或服务前的主观想法。这个期望值是一个对比标杆，当客户的感知价值与感知质量高于事前的期望值时，就会感到满意。如果事前期望高于感知价值和感知质量，客户就会对产品或服务感到失望，满意度变成负值。

第四个要素是总体客户满意度。

总体客户满意度是消费者在感知价值、感知质量、客户期望等要素共同影响下产生的综合评估结果。客户对销售人员和企业满意还是不满意，主要看这个指标。

第五个要素是客户抱怨。

当客户满意度低于客户期望时，客户会产生抱怨情绪，对产品和服务提出批评。

第六个要素是客户忠诚。

当客户满意度高于客户期望时，客户就会提高对产品品牌的忠诚度，乐于消费更多企业的产品和服务。

上述六个要素共同构成了客户满意度模型。其中，客户抱怨与客户忠诚是客户满意度涨跌后导致的结果。一名优秀的销售人员不仅要善于推销产品，还应该重视维护客户，尽可能地提高客户对自己和企业的满意度。因为这对个人销售业绩与整个公司营销渠道的竞争力都大有裨益。尤其是那些以消费者需求为导向的公司，更是要把提升客户满意度作为销售工作的重中之重。

为此，企业全体员工应该务求做到以下几点：

首先，公司上下必须树立客户满意度管理意识。

企业应该给各级员工大力灌输客户满意度管理观念。客户满意度管理工作不是简单地浏览客户差评意见，而应重视对客户数据的采集、整理以及分析，找出让广大客户感到不满的不足之处。公司还应该定期选调员工组建客户满意度管理小组，根据客户满意度评估结果与消费者协商改进措施。

其次，不断改善公司的服务质量。

从员工的角度说，就是客服人员要加强服务质量，销售人员也应锻炼服务补救能力。从服务内容的角度说，服务环境个性化、服务结果高效化、服务互动人性化、服务补救配套化是提升服务质量的四个努力方向。前三者重在事前提高客户的感知质量与感知价值，服务补救重在事后减少客户抱怨。服务体系是企业制度的一大支柱，企业在研发新产品的同时，也要不断升级服务体系。这样才能增加各类客户的满意度，并且把更多潜在客户转化为忠诚客户。

最后，把客户满意度纳入销售人员的绩效考核。

客户满意度关系到整个企业的生命力，只有全公司上下共同配合才能做好。为了让全体员工真正重视这个问题，公司应该把客户满意度纳入销售部门的绩效考核当中。销售人员应该时时留意消费者对公司产品和服务的看法，以便在客户满意度下降时尽快采取补救措施。

销售就是找对人，但找对人是双向的。企业找到最合适的客户，客户找到最合适的企业，这样才能让买方和卖方双双满意。如果目标客户不认为销售人员（及其所代表的企业）是“对的人”，就不会跟他长久交易。想要得到他们的真心认可，除了不断提高客户满意度之外，没有第二条捷径可走。

2. 及时更新数据，完善目标客户档案

以目标客户为中心的营销模式，需要大量准确的用户数据来支持。为此，企业应当为每一位目标客户建立综合数据档案。

中国的互联网用户数量在2014年已经突破5.13亿，所有企业的汇总数据已超过了1.8万亿GB，这个数字还在以每年55% 的速度飞快增长着。大数据已经成了一个销售潜力巨大的超级金矿。海内外的著名企业都在努力开发自己的大数据库，其中一个重要方向就是建立以大数据为依托的在线CRM（客户关系管理系统）。在线CRM不仅能存储大量客户档案数据，还能利用云计算等工具来分析纷繁杂芜的市场信息，从而预测出目标客户的需求曲线变化。

从这个意义上说，目标客户的综合数据库的建设状况，决定着采用目标客户型营销的企业能走多远。

由于统计样本的规模远远超出调查问卷，而且数据来源于消费者的每一次交易记录，在线CRM反馈的目标客户信息的可靠性更强，也更能反映对方的消费规律。因此，这些目标客户档案不仅利于企业自身产品的销售，还能为那些大型目标客户（各类合作企业）提供第三方服务。

创建于1999年3月的Salesforce公司是一家客户关系管理软件供应商。该公司的主营业务是为其他企业提供基于云计算的先进CRM解决方案。

Salesforce公司的在线CRM网络在全球同类行业中处于领先地位，世界大部分客户资料的基本动态都在其掌控之中。相对于其他同行竞争对手，Salesforce公司不仅能更早地预测出目标客户的需求，还能以更快的速度为其提供具有针对性的增值服务。哪怕是微软集团这种互联网行业的巨头，也不敢小觑Salesforce公司在线CRM解决方案的出色能力。

国内的在线CRM服务商目前竞争能力相对较弱。仅有XTools公司达到了国际先进水平。XToolsCRM的企业智慧云号称企业的维生素，将企业的客户、单据、库存、人员、财务、物资六个项目的数据整理成档案，可以帮助企业更好地管理自己的目标客户数据。

传统CRM的性能差距较大，数据更新周期从两周到半年都有。目标客户数据更新的滞后性，必然会影响到营销的精准性。销售人员很可能因此错过最佳的销售时机。

在线CRM的数据更新能力远远超过了传统CRM，所有的用户都能在第一时间收集到最新的市场信息——文字、图片、视频、地理位置等内容。移动互联网终端的普及，进一步扩大了XToolsCRM的数据来源。于是，该公司对市场动向预测的准确度也在不断提高。在云计算技术的支撑下，XTools公司可以把存储在CRM中的各种数据自动制作出三十多种不同类型的统计数据图表。服务对象也能借此对公司每天的运营情况了如指掌。

目前，XTools公司服务了五十三个行业，并与超过三万家企业展开了合作，号称中文地区CRM销售管理软件第一品牌。

尽管在线CRM系统所运用的大数据技术颇为复杂，但其原理实际上比较简单，无非是用数据工具来实现客户细分、挖掘新客户、提升客户价值和维护现有客户四个方面。这也恰恰是目标客户型营销对建设客户综合数据档案的四个基本要求。

第一，细分目标客户。

客户细分是为了圈定企业的目标客户。根据性别、年龄、收入水平、交易地域、消费习惯等信息，将客户划分为不同属性的群体。细分客户群体是制定正确营销策略的前提。对于目标客户型营销而言，这更是实现“一对一”精准营销的基础工作。假如不能细致区分每个目标客户多种多样的个性化要求，又怎能提供针对性的产品和增值服务呢？以客户满意度为生命的目标客户型营销，不怕数据烦琐，只怕工作不细致。

在线CRM等大数据工具为细分目标客户提供了极大的便利。只要即时采集客户在某个时间去某个门店里消费某种产品等信息，就可以轻松收集企业在全国网点的数据。例如，绿瘦数据中心就是通过网页浏览与网购产生的流量来评估数据转化率的。

经过多次数据采集分析后，每个目标客户的消费行为都能呈现出一定的规律性，在线CRM系统也能借此自动生成该消费者的消费数据模型，从而推算出其今后的消费行为。这将成为企业向目标客户推荐产品或者服务的主要依据。

第二，建立目标客户消费模型。

在大数据时代，企业与目标客户建立的是一种长期稳定且不断深入的互动关系。若想做到这点，就必须运用多种方式和渠道来保持双方的互动。在线CRM的数据挖掘功能，可以帮企业分析出最匹配目标客户的销售及服务方式。这将使得双方的互动更具有“一对一”的精准度。

在线CRM可以根据综合数据库里的客户信息，特别是该客户之前的购买信息来建立其个人消费模型，推算其下一次消费行为。数据挖掘技术根据这种消费行为模式，自动从各种营销方案中筛选最优最合理的个性化精准营销方案。

一方面，可以从销售频率较高的商品组合，挖掘出具有此类购买偏好的目标客户，告知他们还有哪些同类产品是“被忽略”的；另一方面，也能对每个目标客户主动推荐对应的系列产品组合。

第三，用个性化增值服务维护现有客户。

随着市场竞争日趋白热化，企业挖掘新客户的成本越来越高。对于大部分企业而言，挖掘新客户的成本远远超过维护一个老客户的成本。因此，为现有客户提供增值服务，提高他们的品牌忠诚度，已成为大部分企业的共识。

为了避免现有客户流失到竞争对手那边，企业更需要借助在线CRM工具来建立客户综合数据库。通过数据中心来分析导致客户流失的主要因素是什么，然后生成客户流失模型作为预警的参照物。当数据中心预测某位现有客户出现流失征兆时，企业可以根据数据中心的反馈意见及时加大对其个性化增值服务的投入。

第四，从类似消费群体中挖掘新客户。

企业的发展主要靠拓展业务，直白地说，就是发展新客户。当大数据工具细分客户后，企业往往会选择其中一部分具有共同消费偏好和消费需求的群体作为目标客户。至于其他大多数人，都可以笼统地算出潜在消费者。

从潜在消费者中寻找新客户，最考验企业的品牌推广能力和市场营销能力。在此之前，企业应当明确什么人有条件成为自己的新客户，哪些新客户容易挖掘，哪些新客户难以挖掘。企业的人力、财力、物力毕竟有限，销售人员不得不在以快制胜的电子商务环境中尽最大限度的努力来提高效率。

有销售专家指出：绝大部分的促销费用都会打水漂，能获得5%以上回应率的促销活动，仅仅有十分之一。

也就是说，传统的拉大网捕鱼的大众化营销很难为企业提供更多的新客户资源。由此可见，紧紧围绕目标客户特点而展开的个性化精准营销，成为挖掘新客户的关键。这恰恰有赖于在线CRM通过大数据技术来建立客户潜在需求预测模型。企业再根据这个模型来找出可能对自己产品感兴趣的潜在消费者，从而挖掘出更多新客户。

总之，为目标客户建立综合数据库是目标客户型营销的必为之举。在线CRM等大数据工具，将成为企业维护现有客户、挖掘新客户的有力武器。

3. 让客户成为企业的创意生产线

在许多人眼里，企业是创意和产品的供应者，消费者是创意和产品的接受者。但这个传统定式早已被互联网经济浪潮所打破。让自己的客户成为公司的创意来源，并不是天方夜谭。

美国人杰克·尼克尔和雅克·布德哈特在2000年创立了Threadless.com（“无线”）网上商店，主营业务是服装。这是一个十分特殊的企业，它没有专门的服装设计师，也没有自己的制衣工厂，甚至连销售队伍都没有。然而，“无线”却能在每个月推出十几种新款T恤，年销售额多达3000万美元。

这样的销售业绩与其独特的运营模式是分不开的。“无线”在创业初期的营销流程大体如下：

第一步：用活动参赛的形式号召广大用户给网站发T恤设计稿。他们就是“无线”的服装设计师。

第二步：由全体用户从活动期间的所有参赛作品中评选出冠军。冠军的奖品是免费得到自己设计的T恤，而其他的消费者也能在“无线”购买这款T恤，其他优秀作品也将外包生产。

第三步："无线"与电视台合作，让影视明星在热门的电视娱乐节目中穿上"无线"的T恤（即正式投入生产的获奖作品）。

在创业头几年里，"无线"就靠着这种特殊的运营模式让营业额几乎每年翻一番。

随着网站的发展，"无线"的运营模式也越来越成熟。每周在网上举办设计大赛。网站会员上传自己设计的T恤图案，并让网友按五分制打分。每件作品下方都设有订购按钮，T恤单价至少十五美元（包括各种尺寸）。打分评选结束后，"无线"会挑选出分数最高的六件作品，作为本周公司外包生产T恤的图案，并按照消费者的下单数量进行生产。

优胜作品的设计师每人能得到两千五百美元奖金及其他奖品，设计师的名字将出现在T恤的标签上。从产品设计到生产，都是由目标客户自主完成的。公司最主要的工作，也就是按照目标客户们填写的地址配送发货。

如此一来，"无线"通过每周设计大赛，形成了一个聚集目标客户的社交圈子。目标客户既是产品的消费者，也是服装设计者。可以说，"无线"的运营模式把个性化定制与精准营销发挥到了极致。

市场最常见的怪圈就是企业生产的产品不受消费者喜欢，而消费者想要的产品又没有企业生产。产品与消费者需求之间的错位，让很多企业陷入销售瓶颈。不过，这个麻烦并非无解。

在互联网时代，生产者和消费者之间的界限正在逐渐变得模糊。消费者越来越重视参与感和体验感，不再满足于做单纯的产品购买者。而且，数量庞大的消费群体中藏龙卧虎，有很多人拥有很好的创意并且熟悉其他同类消费者的需求心理。企业如果能积极发掘，说不定能从目标客户群中找出几位能够协助企业完善产品、服务、管理的特殊人才。

据《2016年上半年中国热门手机Top10》排行榜的消息，国内市场目前最畅销的十款智能手机中有三款来自小米公司。

小米在国内外知名手机商中出道最晚，2010年4月6日才成立。然而，小米公司第一次的网上销售成绩非常出色，仅仅在短短五分钟内就售完了三十万台小米1型手机，时间是2011年12月18日，火爆程度不输给iPhone等名牌。这家新兴的手机品牌在2013年几乎是国内业绩最好的智能手机企业，每款产品刚上市就被抢购一空。仅仅六年，小米就成了目前国内手机品牌中的佼佼者。尽管华为凭借技术优势让苹果反过来向中国企业支付专利技术使用费，但其销售业绩依然不如小米。

小米成功的一个重要原因是让目标客户参与产品设计，这是一种以互动参与为特色的营销模式。

雷军总结的互联网七字诀是“专注、极致、口碑、快”，他还提出一个口号是“为发烧而生”。一开始就致力于培养小米手机发烧友（俗称“米粉”）。

以前的手机系统三至五年才更新一次，苹果则是每年发布一次更新，谷歌是每个季度更新一次。小米绞尽脑汁把更新周期压缩到了周。“米粉”提出的好建议，只需要一周就能被采纳。

越是符合目标客户细节需求的产品，越能受到市场欢迎。但由于技术条件限制，过去的企业无法大规模收集产品用户数据，也就难以准确把握目标客户的具体需求。这使得产品设计往往与消费者的真实要求存在一定的偏差。现在的企业具备即时收集海量数据的能力，故而能让目标客户从一开始就参与到产品设计的全过程。

不过，当时很多企业还没意识到“以目标客户需求为导向”的重要性，被小米的创新抢占了先机。

小米总是声称自己是互联网公司，说小米手机是纯互联网手机品牌。从产品研发到推广营销，小米的商业模式始终紧紧依托互联网与目标客户（“米粉”）。

邀请“米粉”参与产品系统的升级设计，在各互联网社交平台上保持与“米粉”的互动，从而设计出用户体验满意度高的产品与服务。通过改善用户体验来赢得用户口碑，再借助粉丝团的口碑传播来扩大品牌影响力，让规模日益增长的“米粉”能及时抢购到新上市的产品。正是这种环环相扣的互动参与型营销模式，让小米在短短几年内就成为知名的手机品牌。

用户产生内容，用户产生价值——这是互联网经济的口号，也是新时期营销的一个重要思路。

此前，大多数企业依然采取了“建立品牌——扩展规模——吸引广告”的运作模式，没有充分开发目标客户带来的价值。大数据技术与社会化媒体的出现，促使不少企业以个性化精确营销与个性化定制内容为发展方向。可以说，更注重用户的互动作用的Web2.0时代已经到来。美国作家詹姆士·索罗维基将其称为“利用网络来发掘大众智慧”。

“用户产生价值，用户产生内容”的营销理念，颠覆了固有的商业观念。以前都是由企业来生产内容，用户（即企业的目标客户）仅仅是内容的接受者。而在大数据时代的互动参与模式中，企业更多让用户来产生内容，自己则负责整理分类、推广、打赏等业务。这使得目标客户产生的价值，对于企业的发展起到了举足轻重的作用。

互动参与型营销的关键在于：企业要为目标客户提供参与产品设计和推广销售的机会，让他们从纯粹的消费者变为企业之外的生产者或推广者。从根本上说，没有谁比目标客户更熟悉他们的想法与喜好。所以，由产品用户参与设计或推广的产品，往往也更容易得到其他产品用户的青睐。

当然，现代产品的科技含量越来越高，企业产品研发工作的主力军依然是科研人员和设计师。参与产品设计的目标客户，更多是从改善用户体验的角度来提出建议。像美国“无线”那样完全依赖产品用户自主设计的营销模式，未必适合我国的市场环境，不宜将其视为未来销售的方向。

总之，让目标客户成为企业的创意生产线并非不可能发生的事。不同类型的企业有不同的情况，但都应该结合自身实际来提高目标客户对企业运营流程的参与度。目标客户群体中藏龙卧虎，说不定能给企业的销售工作带来很多有益的启发。所以，销售人员在平时与目标客户交流时，可以留心一下每位客户的才能，以备今后为公司所用。

4. 垂直社区：打造凝聚优质客户的蓄水池

稳定的优质客户资源是所有企业都梦寐以求的。做销售不只要找对人，还要把“对的人”凝聚在一起。用时髦的话来说，就是发展社群经济，打造一个全体成员具有相同消费偏好的垂直社区。

社群不是社会群体的缩写，而是指无数具有相同价值观的人所组成的互联网社交圈子。按照《社群经济：移动互联网时代未来商业驱动力》的分类，社群大体可以分为产品型社群、兴趣型社群、品牌型社群、知识型社群、工具型社群五个类型。

社群经济的核心就是“交互”二字。

移动互联网技术“彻底突破了空间和时间的限制，基于定位追踪和位置服务，通过随时随地的交互应用，为人与人交互提供全面便捷的服务和体验”。也就是说，社群成员以移动互联网为纽带，能随时随地产生互动关联，从而实现了不受时间和空间限制的全方位交流。在这种频繁而深入的互动交流过程中，社群会逐渐形成自己的一套文化价值观，从而吸引全球各地有共识的新成员，转化为一个相对稳定的网络圈子。

社群圈子内部成员的影响力和号召力各不相同，有组织者与意见领袖，但每个成员的关系是平等的，没有等级森严的从属关系。也就是说，社群组织高度扁平化且没有传统意义上的中心。他们通常以协商的形式来解决问题，尽管组织形式与成员分布都很松散，但凝聚力毫不逊色于井然有序的正式组织。

由于社群成员拥有共同的兴趣、爱好、价值观以及行为习惯，社群成员往往会认同其他成员推荐的“业界良心”产品。而社群经济就是针对这个社交圈子来提供产品和服务，从而打造一个完整的销售闭环。

前招商银行行长、永龙银行董事长马蔚华，在2015年的海南博鳌论坛中指出：“互联网企业所做的那些免费的事，实际上都是让客户感觉到物有所值，物有超值，这个平台上要有更多的流量。当给客户很多优惠，然后让客户都来，这个平台流量越多，那么和将来在这个平台上很多利益相关者的产品就会获得更多的价值。”

许多互联网企业用免费服务的方式来吸引大量客户，客户聚集到一定规模时就会分化出兴趣爱好不同的圈子，久而久之就会朝着社群的方向转化。

接下来，企业会根据这些逐渐成形的大大小小的社群圈子做市场细分，让他们养成固定的消费习惯后再逐步开通收费服务。尽管收费服务出现后会有一些客户流失掉，但已经养成固定消费习惯的目标客户往往会接受这些变化。因为企业的产品和服务早已成为他们生活中不可缺少的一部分，而且他们也舍不得离开拥有众多朋友的“半熟社交圈”。

所谓“半熟社交”，指的是互联网时代特有的社交现象。大家平时生活中可能很少遇到爱好相同的人，但在互联网可以找到“组织”——以共同兴趣爱好为纽带的社群圈子。

社群成员有着共同的交谈话题，也乐于分享资源与心得，关系可能比各自身边的亲戚、朋友、同学、同事还要亲密。他们可以通过Facebook、

Twitter、微博、微信等社交媒体随时了解到好友们此刻的状态。

然而，大部分社群成员在现实中未必有直接的接触，也并不了解对方的真实底细。大家既熟悉又陌生，故而这种特殊的社交关系被称为“半熟社交”。

在过去，人们把虚拟世界与现实世界区分得泾渭分明。但随着社交媒体的普及，两个世界的重合度越来越高。很多消费者的社交媒体朋友圈成员，要么是现实中有接触的人，要么是具有某种共同爱好或需求的人。这样一来，有些消费者的朋友圈可能会从线上延伸到线下。

社群圈子中的核心成员往往在现实中会以同好联谊会等形式接触，也有人会把生活中认识到的兴趣相同的朋友拉进社群里。这样一来，“半熟社交”就变成了一体的“全熟社交”关系。不过，“半熟社交”依然是社群关系的主流。

《社群经济：移动互联网时代未来商业驱动力》一书指出：社群经济的出现改变了企业生存发展的逻辑。

企业可以借助社群来调查目标客户（社群成员）的身份、爱好、状态、情绪、情感、位置等信息，进而才能让销售实现本地化和场景化，激发社群成员主动下订单的愿望，这是一种主动的营销模式。为此，企业应当重塑整个运营流程，设法把产品用户转变为全程参与企业经营流程的社群成员。

发展社群经济对企业有三个好处：

首先，一个稳定的社群能让企业不必花太多时间去寻找其他目标客户，因为企业品牌社群中的消费者本身就是忠诚度高的目标客户。

其次，企业可以通过互动来了解更多目标客户需求，获得最有代表性的消费者意见，从而设计出更符合目标客户需求的产品和服务方式。

最后，社群成员可以为企业提供创意、配合口碑营销、联络潜在客户。

需要注意的是，社群营销不只是在互联网上卖产品。销售人员首先要融入社群的“半熟社交”关系，成为社群的一分子，而不能只把自己当成企业进驻垂直社区的销售代表。否则的话，就会跟社群成员产生隔阂，无法发挥“半熟社交”带来的便利条件。

为了更好地联络社群，培养更多的优质客户，企业销售团队可以从以下几个方面着手：

首先，做好社群营销发展规划。

对于企业来说，正确定位目标客户所在的社群是开拓财源的第一步。经营人脉社群的重点是组织社交活动，特别是把社群成员从线上的群拉到线下，再把线下的人拉进线上的群。打通现实生活与网络生活，这就不再是“半熟社交”，而是真正的“全熟社交”了。经营产品社群的重点是做产品相关的内容和活动，要突出企业产品和服务的特色与优势，还要体现销售人员的专业素养。

其次，建立一支高素质的社群运营管理团队。

任何自发组织规模扩大后，都需要进行管理。那些没有运营管理团队的社群，往往特别混乱，最终会变得四分五裂，甚至走向解体。为了不让各成员的自发行为扰乱社群活动，需要制定合理的社群活动规则，再由社群运营管理团队来负责维护社群的整体环境。企业通过吸纳社群的骨干成员来有效凝聚广大普通成员，可以起到提纲挈领的作用。

再次，保持与社群成员的深度互动。

这个互动不只是普通的聊天问候。有时候可以发一些数额不大的微信红包来调动大家的积极性。这样可以迅速拉近销售人员与目标客户之间的距离。

除此之外，销售人员在交流过程中还可以分享一些有意思又有内容的信息。通过共享知识来强化社群内部的价值观共识，这样可以提高整个社群的凝聚力。用好玩的内容吸引用户，用好玩的活动来引爆人气。最好的互动就是大家在一起愉快地玩耍，只有玩得投入，心情才会痛快，关系也更容易拉近，成交率就会水涨船高。

最后，经常组织一些有奖励的社群活动。

社群本身是一个消费者自发形成的非正式组织，虽然成员号召能力与组织活动的能力可谓一呼百应，但没有那么多财力和物力来举办联谊活动。这时候，销售人员可以发挥企业资源雄厚的优势，把线上营销活动与社群联谊活动结合起来，通过有奖活动的形式（包括但不限于抽奖活动和返利活动）来推广新产品和新服务项目。

通过这种间接渗透的方式，社群成员将会逐渐养成对企业产品和服务的依赖性，形成较高的品牌忠诚度。

5．把客户资源升级为客户资本

对于企业来说，最重要的资源既不是金钱，也不是技术，而是客户。

在电子商务与社交媒体高度发达的今天，客户的口碑与才智就是企业最大的资本。企业不仅能从目标客户的钱包里得到利润，还能将他们变为自己整体品牌的一部分。

客户大数据库让企业对自己的目标客户群有全面的认识，找出客户日益增长并不断变化的需求。“一对一”的个性化精准营销是客户资源转化为客户资本的关键。目标客户只有在精准营销的环境中才能满足个性化消费需求，这也是提高他们的满意度与品牌忠诚度的主要途径。在把目标客户凝聚到同一个品牌的旗帜下之后，企业还需要通过多样化的增值服务，不断提升客户资本的价值。

太平人寿保险公司有邀请老客户参加“太平公开课”的传统。这些参与讲座的老客户大多是企业老板或者高层管理者。“太平公开课”不同于一般的答谢客户活动。

首先，“太平公开课”的讲师都是太平人寿一线销售团队中的优秀主管，讲课内容主要是团队绩效管理与人力资源管理等知识。

其次，业务员不会在公开课里直接向客户推销人寿保险产品，只是与老客户们分享知识信息。

“太平公开课”看似与销售无关，也不是售后服务项目，但对提高用户黏度有很大帮助。

受邀客户都是企业高层管理人员，对公司管理及销售知识兴趣浓厚。他们可以从“太平公开课”中了解到太平人寿的最新情况与未来目标。资深客户们对太平人寿保险公司了解越深，他们的信任度与品牌忠诚度也会随之提升。负责讲课的一线销售主管分享的是实用的销售技巧与团队管理经验，讲课内容包含了大量来自太平人寿内部的案例。这种经验交流活动能让老客户们了解到很多具有可操作性的方法，比起直接赠送礼品的优惠活动更具深远意义。

此外，“太平公开课”活动也成为目标客户之间加强横向交流的一个社交平台。

参与“太平公开课”的客户能在讲座中结识新朋友，甚至由此谈成交易，找到新的战略合作伙伴。从客户反馈情况来看，作为高端客户系列服务体验活动的重要项目的“太平公开课”获得了成功。

太平人寿的公开课堪称是一种典型的客户资本经营手段。在充分掌握各类客户需求特点的前提下，企业主动为目标客户铺设一个促进多边交流的社交圈。为了完成这个目标，太平人寿在开课时贯彻了三个原则：

首先是针对性原则，即根据客户数据分析结果来设置公开课程。

在大数据技术的支持下，企业可以从自己掌握的各种资源中精选出符合目标客户需求的内容，并在此基础上设置各类专业课程或专业讲座。这既能满足不同目标客户群体对知识共享的追求，也是在向他们展现企业销售人员的能力与诚意。

其次是实用性原则，即企业应该为目标客户提供具有实用性的知识、方案以及商业信息。

从根本上说，目标客户需要用企业的产品和服务来满足自身的物质文化需要。企业个性化服务的专业性与多样性，是吸引目标客户参加互动的关键所在。假如企业分享的内容缺乏实用性与借鉴价值，只会被目标客户认为是浪费时间的无意义行为，反而会降低他们的好感度。

最后是社交化原则，即建立以企业文化为纽带的垂直社群。

过去的企业与目标客户的互动往往是单向的，而且客户之间缺乏横向联系，这种做法在互联网经济主导的销售环境中已经过时。不少企业都致力于打造自己的社交平台，争取把目标客户（也就是品牌粉丝用户）凝聚成一个社群。这不仅能巩固目标客户群体与企业之间的联系，还能形成具有一定组织能力的企业品牌粉丝团。

总体而言，太平人寿的“太平公开课”已经大大超越了保险公司的基础服务。这种非营销活动是深入挖掘各类目标客户群体潜在需求的好机会。企业也可以通过深度挖掘客户数据，为目标客户定制出更贴心的个性化服务，最终实现双赢。

互联网时代的消费者不光是营销活动的被动接受者，也可以是营销活动的主动参与者。随着消费者主权意识的日益提升，企业目标客户希望获得更多参与感、体验感以及成就感，这些光靠购买产品和服务是无法实现的。

在互联网经济中，企业品牌不再是一个毫无生气的商业符号，而是一个能与目标客户亲切互动的“人”。

在过去，企业与用户之间缺乏互动，用户只能单向接受企业的宣传。对于消费者主权意识越来越强的用户来说，实在不是--个给力的玩法。互联网服务追求人性化，企业推出的增值服务以“人情味”为根本。如果缺乏互动的话，企业就不能提升用户体验水平，也就无法增强用户的品牌忠诚度。

只有品牌人格化，才能最大限度地凝聚无数具有共鸣感的目标客户，让他们心甘情愿为企业做贡献。

那些心甘情愿为企业做贡献的目标客户，正是我们常说的铁杆粉丝。美国学者据此提出了铁杆粉丝理论——“任何艺术创作者，只要得到了一千名铁杆粉丝，就能够养家糊口。”因为铁杆粉丝的需求稳定而庞大，消费力度是普通客户的几倍甚至几十倍。

在所有的产品用户中，粉丝客户的消费能力未必最强，但消费热情超过其他类型的目标客户。企业推出的每一款新产品，粉丝客户都可能会不惜连夜排长队等着首次发售。没有粉丝的企业注定被淘汰，没有粉丝的品牌则注定要消亡。从这个意义上说，粉丝的数量体现了企业的客户资本规模。所以，互联网思维要求企业必须维护好与粉丝之间的关系，让他们心甘情愿地为企业做贡献。

粉丝客户只是所有产品用户中的一小部分。没有对产品品牌的高忠诚度，没有相对固定的消费偏好，就称不上是粉丝客户。这类目标客户一般不会选择竞争对手的品牌。但普通的产品用户则不一定忠于企业品牌，消费习惯也随时会变。所以，粉丝客户才能转化为有效的客户资本，普通的产品用户则不能。

选对与公司发展战略最匹配的目标客户，实现“一对一”的个性化精准营销，是建立销售良性循环格局的根本。只有这样才能让目标客户与企业实现共同成长，把客户资源升级为客户资本。

在这个背景下，销售人员与目标客户之间的关系将越来越密切，双方的互动与合作也不再局限于单纯的产品与服务。目标客户将成为企业发展的一股重要推动力量，而销售人员也将成为目标客户在生活与事业中的一个可靠帮手。以目标客户为本的销售活动，将随着消费者日益增长的物质文化需求而生生不息。

附录

一嗨租车——让产品、服务与客户无缝对接

现在的交通很发达，人们由于旅游和出差等，活动半径大大增加。人们通常以不同的交通工具组合来完成行程。汽车租赁业也因此蓬勃发展。全国连锁租车品牌“一嗨租车”因善于为目标客户提供精准便捷的服务组合而崛起。

对于客户来说，外出租车是件麻烦的事——人工预约、下单、电话确认信息、人工调度车辆、商量用车细节，整个过程加上烦琐的个人信息认证，便捷性体验很糟。一嗨租车通过大数据技术优化了租车的运筹调度流程，为客户提供了最便捷的服务渠道。

大数据的发展为传统的租车行业带来了冲击和机遇。有人把传统经济称为“水泥”，把互联网经济称为“鼠标”。一嗨租车的运作模式，就是所谓的“水泥+鼠标”模式。假设某客户乘坐飞机出行，只要向一嗨租车预订自驾租车，下飞机就能马上拿到预订车辆。这种“公共交通+租车”的出行组合方式，非常适合赶时间的商务人士。

传统汽车租赁主要靠电话预约，人工操作环节多、协调能力弱、信息反馈也迟缓，而率先采取全程电子商务化管理的一嗨租车则大不相同。

一嗨租车官方网站上对各类租车业务进行明码标价，并实时更新价格与剩余车型的数据。这不仅让消费者能够便捷地选择符合自身需要的服务，也避免了被租车公司漫天要价的弊端（这在过去的微小租车企业中比较普遍）。此外，消费者在预订用车时，还可以选择送车上门、异地还车、预购油九折等服务。

消费者租车的过程跟在当当、淘宝购物一样便捷。只需通过手机客户端或登录官方网站，选择租车开始的时间、车型、还车时间，然后轻轻点击确定，便能预订到全国任何一家一嗨门店的车辆。大数据平台对传统行业的整合优化能力可见一斑。

一嗨租车的成功在于能够定制最符合用户需求的服务，支持其“勇于创新，用心服务”理念的大数据技术。

保持合理迅速的汽车调度，一直是汽车租赁业的难点。一嗨租车有一个强大的大数据服务中心。其中包含了多套汽车调度管理系统，运用了GPS全球定位以及智能数据分析处理等高新技术。公司还专门为用户设计了智能手机客户端。只要用户下载安装了客户端，便能随时随地用手机享受一嗨的服务。

这使得一嗨租车实现了全程电子商务化，把汽车调度配置工作做到最好，在业内形成领先优势。

按照动态发展模式的宗旨，企业在获得成功后，应当进一步升级自己的价值链，以求整合更多的市场资源。

一嗨租车与各大旅游网站结成异业联盟，联盟旅游网站都设置了一嗨租车频道。用户可以在线预订几个主要城市的租车，可选车型有二十多种。为了节省用户的时间，租车预订往往与景点、酒店的门票组合在一起。这种一条龙服务，就避免了用户在不同网站频道里来回切换。

用户在租车频道预订租车非常便捷，可以直接查看网页显示的车辆库存数量。点击完成后，网站会给用户手机发短信提醒，短信包含了一嗨门店等相关信息。租车预订最短只需要提前两个小时，而一嗨租车的竞争对手要用六个小时。大数据带来的效率差异可谓显著。

一嗨租车的便捷不仅仅体现在电子商务上，实体租车门店也同样以“便捷服务”为经营宗旨。门店的客户服务标准是，让消费者体验到VIP一般的便捷服务，并且争取把他们拉入一嗨租车的粉丝团。

实体门店的提车手续非常简单，只需向工作人员出示身份证、驾照、信用卡，就一切OK。跟超市购物结账一样方便，而且用不着排队等候。除了信用卡，一嗨租车还开通银联、现金、支付宝等其他支付方式，以配合不同用户的消费习惯。

为了方便大家租车，一嗨租车推出了异地预订业务，租车不限地域。假如用车地点在成都，消费者也可以在上海订车，到了成都后再提车即可。这让用户免去了跑到用车地点再预订的麻烦。

除了订车便捷与提车便捷之外，一嗨租车的便捷服务还包括了用车便捷。有客户反映称：每次租到的车都很新，油箱也是满载。这是由于公司为了避免用户在紧急情况下寻找加油站的麻烦，特意将加满油写入规章制度中。一嗨租车还提供送车上门服务，把车快递到用户的家门口。最可贵的是，一嗨租车提供二十四小时紧急救援，遇到麻烦的租车用户随时可以向中心求援。

周到贴心的服务，让用户在交易的每一个环节都能感受到便捷性。一嗨租车坚持着“以服务品质为先，以消费者体验为本，以口碑为胜”的理念，无论线上还是线下都贯彻“便捷服务”的宗旨。一嗨租车完全贯彻了“以用户为中心”的互联网思维，真正做到了“一对一”的个性化精准营销。

价值链的升级让企业能在更高的层次上整合资源，从而在大数据时代一改传统形象，树立新的品牌。品牌影响力的提升，又反过来为企业带来更多的升级机遇。

2012年3月，世界上最大的租车集团企业号控股集团向一嗨租车注资。2013年12月，在线旅游服务公司携程成了一嗨租车的第二大战略合作伙伴。

自2006年成立以来，一嗨租车的各种重要指标均处于业内领先水平。这种“一对一”个性化精准营销的新出行方式，越来越受客户欢迎。目前，一嗨租车不仅牢牢占据着中国汽车租赁行业的领军地位，还成了不少世界五百强企业指定的在华商务用车服务公司。

一嗨租车2016年一季度的财务报告显示：“公司各项经营数据继续稳步增长，营收同比增长55.8%，达到4.605亿元；毛利润同比增长132.9%，达到1.297亿元，毛利润率显著增长至28.2%；息税折旧摊销前利润同比增长74.5%，达到2.019亿元，息税折旧摊销前利润率增至43.8%；平均可用车队规模同比增长62.8%，达到32007台，车队总规模为39458台。”

一嗨租车的汽车数量上万，车型种类过百，直营服务网点增至两千多个，全国两百多个城市都在一嗨租车的市场布局中。

值得注意的是，一嗨租车每增加一个新门店，都会根据该区域的综合数据来分析当地客户的需求，从而找到租车需求较大的消费群体，以及该群体所需的租车型号、品牌、颜色，在此基础上来设置虚拟服务网点与实体门店。只有当有足够客户在虚拟服务网点所在片区订车时，这个网点才会升级成实体门店。

如此一来，一嗨租车不仅能在各个目标市场中找对客户，还能让产品、服务、资源按照更精确的比例来配置给客户。

总之，产品、服务与目标客户的无缝对接，将会让企业销售体系进入一个新的境界。我们只有找对细分市场，找对优质客户，才能让销售变得更精准，让企业获得更广阔的发展空间。